casa arrumada, vida leve
o poder da organização

casa arrumada, vida leve
o poder da organização

Autora certificada pela Marie Kondo

NALINI GRINKRAUT

Copyright © 2022 por Nalini Grinkraut
Todos os direitos desta publicação são reservados à Casa dos Livros Editora LTDA. Nenhuma parte desta obra pode ser apropriada e estocada em sistema de banco de dados ou processo similar, em qualquer forma ou meio, seja eletrônico, de fotocópia, gravação etc., sem a permissão dos detentores do copyright.

Diretora editorial: **Raquel Cozer**
Coordenadora editorial: **Malu Poleti**
Editora: **Chiara Provenza**
Assitência editorial: **Camila Gonçalves e Mariana Gomes**
Copidesque: **Laura Folguera**
Revisão: **Carolina Cândido e Laila Guilherme**
Projeto gráfico de capa: **Túlio Cerquize**
Projeto gráfico de miolo: **Vitor Castrillo**
Diagramação: **Vitor Castrillo e Eduardo Okuno**

Dados Internacionais de Catalogação na Publicação (CIP)
Angélica Ilacqua CRB-8/7057

G881c

Grinkraut, Nalini
    Casa arrumada, vida leve : o poder da organização / Nalini Grinkraut. — Rio de Janeiro : Harper Collins, 2022.
 224 p.

Bibliografia
ISBN 978-65-5511-336-5

1. Limpeza e organização da casa I. Título

22-1520	CDD 648.5
	CDU 648.5

Embora todas as histórias sejam reais, os nomes citados nesta obra foram trocados para preservar a identidade dos alunos e clientes da autora.

Os pontos de vista desta obra são de responsabilidade de sua autora, não refletindo necessariamente a posição da HarperCollins Brasil, da HarperCollins Publishers ou de sua equipe editorial.
Rua da Quitanda, 86, sala 218 — Centro
Rio de Janeiro, RJ — CEP 20091-005
Tel.: (21) 3175-1030
www.harpercollins.com.br

Para Dani, Marina e Benny

SUMÁRIO

Prefácio 8

Introdução 13

PARTE 1 – DO CAOS À CALMA 27

    Capítulo 1 – Bagunceira, EU? Imagina!................................ 28

    Capítulo 2 – Expectativa X Realidade.................................. 34

    Capítulo 3 – O que é organizar?... 39

    Capítulo 4 – Por onde começar.. 43

    Capítulo 5 – O início da mudança: novos hábitos e estilo de vida 51

    Capítulo 6 – A peça que faltava... 57

    Capítulo 7 – O evento especial.. 62

    Capítulo 8 – Escolhas... 69

    Capítulo 9 – O jogo da virada... 75

PARTE 2 – MUITO ALÉM DA CASA 83

    Capítulo 10 – Certificação.. 84

    Capítulo 11 – O caminho.. 91

    Capítulo 12 – O armário de brinquedos.............................. 95

    Capítulo 13 – Mudança de comportamento..................... 102

    Capítulo 14 – Abrir espaço.. 107

    Capítulo 15 – Identificando os padrões............................. 111

PARTE 3 – QUE TIPO DE BAGUNCEIRO VOCÊ É? 115

   Capítulo 16 – O grande segredo: a chave da mudança 116
   Capítulo 17 – Como se formam os tipos 119
   Capítulo 18 – Guia de utilização da ferramenta 129

PARTE 4 – OS DOZE TIPOS 133

   Tipo 1 – Aprendiz 134
   Tipo 2 – Otimizador 137
   Tipo 3 – Apegado 141
   Tipo 4 – Ventania 146
   Tipo 5 – Rebatedor 149
   Tipo 6 – Camuflado 154
   Tipo 7 – Preguiçoso 158
   Tipo 8 – Terceirizador 163
   Tipo 9 – Acumulador 166
   Tipo 10 – Distraído 170
   Tipo 11 – Consumista 173
   Tipo 12 – Remanejador 177

Carta para você 180

PARTE 5 – Aprendizados 185

Agradecimentos 220

Referências bibliográficas 223

PREFÁCIO

Bagunça tem solução?

por Juliana Goes

Cada um de nós sabe como é se sentir perdido de vez em quando. Pode ser que você se sinta assim no trânsito, diante de um problema ou, até mesmo, dentro da sua própria casa. A questão em si não é nem sobre estar perdido, mas o sentimento que isso gera. De angústia à fadiga, não é confortável estar nessa situação de desencontro, especialmente no lugar em que mais deveríamos sentir pertencimento, nosso lar.

Refúgio é aquele lugar em que sentimos a segurança de ser quem somos, de manifestar nossa forma de agir e onde vamos criando nossas próprias rotinas, geralmente baseadas em hábitos e, muitas vezes, na falta de *bons hábitos* também. Quais hábitos você tem na sua casa? Como eles impactam seu dia a dia? Já parou para refletir, com sinceridade, sobre a forma como você vem se relacionando com o mais importante refúgio da sua vida? Pois bem, esse é um convite para despertar e ressignificar a organização do seu lar, bem como a vida que você vai viver ali.

Sentimentos dos mais diversos podem envolver esse processo de despertar para seu próprio entorno, afinal, "não basta olhar, é preciso ver" – como você vai aprender com a Nalini nas próximas páginas – e isso requer lidar, de uma vez por todas, com a bagunça. Há quem queira se livrar dela com determinação, há quem sinta preguiça, há também quem se sinta incapaz diante dela. Se posso te dar uma palavra de apoio, que bom que você tomou coragem para chegar até aqui, garanto que vai valer a pena arregaçar as mangas e recomeçar uma história que vai além de aprender a arrumar, que vai te possibilitar viver com mais satisfação e leveza.

Esqueça o que disseram sobre você, todos os rótulos sugeridos ao longo de uma vida, alguns dados já na infância. Provavelmente, existem diversas ideias e opiniões a respeito da sua personalidade que você acabou assumindo como verdade de tanto que foram repetidas. Geralmente, nos apegamos a esses rótulos que, muitas vezes, soam como defeitos e nos impedem de reconhecer o valor que temos ou o que, de fato, somos. Saiba que a partir de agora, com a leitura de *Casa arrumada, vida leve: o poder da organização*, você dará início a uma jornada de importantes reflexões, capazes de resultar em mudanças na sua casa e na sua vida. Mudanças na forma como você se enxerga, se relaciona com suas escolhas e como você se entende com suas coisas – além de te ajudar a descobrir porque você não se entende com elas também.

Olhar com carinho para os seus pertences, valorizar o que já tem, desfrutar do que faz sentido, dar um novo destino ao que não faz mais, agradecer e encerrar ciclos. Esse conjunto de ritos é uma forma de estar presente e conforme você se permite essas ações, passa a identificar suas motivações, entende o que realmente importa, toma atitudes mais conscientes, faz escolhas mais coerentes. No fim, benefícios como autonomia, paz, leveza, autoestima e prazer vêm como mérito desse processo.

Ouso adiantar que aqui começa uma transformação positiva, de dentro pra fora. Sua casa e sua pessoa vão se transformando juntas, como em uma simbiose, ou seja, à medida que as mudanças ocorrem, mais harmonia e leveza se instalam no ambiente e no bem-estar de quem o habita. Isso, não há como negar, só traz benefícios à vida que será compartilhada na casa que passa pelo processo de organização.

Aqui quem escreve, por enquanto, não é a autora deste livro e, sim, uma pessoa que teve a vida e a casa transformadas. Uma pessoa que cresceu ouvindo o quanto era bagunceira e que não tinha jeito para organização. Fato é que durante minha infância e adolescência meus armários eram um caos mesmo e, por mais que eu acreditasse que me entendia com minha bagunça, assumo que o tempo perdido ao longo de uma vida procurando coisas poderia ter sido usado com muito mais utilidade. Esse tempo não volta. O que está ao meu alcance é a forma como vou usar o tempo que tenho agora. Com quais escolhas? Com quais prioridades? Cansei de me perder e de perder tempo, dentro da minha bagunça e da minha casa, com a vida passando rápido demais lá fora.

Minha primeira filha tinha menos de 1 ano quando, por conexão de uma amiga, conheci a Nalini e seu trabalho. Era um momento em que a relação com minha rotina se tornou mais frágil, não me sentia mais dona do meu tempo. O pouco que tinha, eu queria usar para o que tivesse real importância, fosse um banho de qualidade, fosse cuidar da casa e, eventualmente, de mim mesma. Morávamos em um apartamento pequeno, o cômodo que eu usava como escritório/puxadinho/quarto da bagunça havia, com a chegada da minha filha, ganhado um novo propósito. Não sabia nem por onde começar a remanejar o tanto de acúmulo que havia naquele quarto, canceriana que sou, tinha apego por itens que não faziam mais sentido. Mais do que aprender técnicas de arrumação, eu necessitava de apoio emocional ali, me sentia perdida demais, cansada demais.

Acreditei tanto na recomendação dessa amiga que nem pesquisei muito sobre o trabalho da Nalini nas redes sociais, ou seja, mesmo confiando, não sabia bem o que esperar. Marcamos uma data, ela me deu algumas orientações de como iria funcionar, sobre a importância de eu estar lá. Entendi o valor de eu estar assumindo as rédeas das decisões, enquanto Nalini, por sua vez, seria uma mentora. Mal começamos e tudo o que ela me propôs soou tão humano, tão acolhedor. Me emocionei, me encorajei e, diferente do que havia imaginado, fluiu com tanta energia que foi surpreendente.

Ao invés de ir ficando exausta em fazer pilhas de roupas, sapatos, pertences, ia conseguindo me conectar comigo mesma, como se estivesse me redescobrindo e criando mais consciência sobre a pessoa que eu era naquele momento. Compreendendo quem eu gostaria de ser dali para frente. Tudo isso a partir da maneira como eu me sentia sobre cada pertence, o que ele representava, se existia conexão com meu eu atual e a pessoa que estava me tornando. Foi um grande despertar, em que obtive ferramentas para toda vida. Hoje me sinto mais segura e eficiente em administrar o que fica, o que será doado, vendido, reciclado. Isso reflete na forma como consumo e faço novas escolhas, agora muito mais assertivas! Tenho mais carinho com minhas coisas, mais cuidado, até costumo brincar que quando preciso arrumar minhas ideias, arrumando a casa eu chego lá!

É um ciclo gradativo de pequenos e grandes avanços. E nunca mais parou, pois consegui algo até então inédito para mim: criar um hábito e uma relação saudável com minha casa. Cuidando dela eu cuido de mim, somos extensão uma da outra e, hoje, vivemos em harmonia. Minha família se beneficia, meus filhos se espelham e, sabe o que? Sem pressão, sem rigidez, fazendo meu possível a cada dia e reconhecendo o valor do que foi feito. Casa de revista, só em revista, não é mesmo? Uma casa de verdade, como diria Nalini, tem vida. Se tem vida, tem movimento. Se tem movimento, tem bagunça... e tá tudo bem!

Em minha casa vive um time formado por uma *ventania* com ascendente em *remanejadora*, um *tercerizador rebatedor* – em breve você entenderá esses termos –, e, para completar, dois pequenos filhos que seguirão seus próprios caminhos, com a grande vantagem de poderem viver, na maior parte do tempo (risos), em uma casa organizada e ter uma vida mais leve!

Boa leitura!

INTRODUÇÃO

A saga do apartamento 32B

De médico e louco, todo mundo tem um pouco.
De bagunceiro também.

Tudo começou no dia em que me mudei para o meu primeiro apartamento, logo depois do meu casamento. Ele não era propriamente meu, mas dos meus sogros, que nos emprestaram para eu e o meu marido morarmos até que conseguíssemos comprar o nosso. Ainda assim, era a primeira vez que eu teria o meu espaço, fora da casa dos meus pais.

Como não tínhamos dinheiro para muita coisa, pensamos no essencial que precisava ser feito antes de mudarmos para lá. O apartamento não tinha móveis, mas já havia excelentes armários em todos os cômodos, o que facilitaria demais a nossa mudança.

A cozinha fora reformada havia poucos anos e já contava com uma estrutura bem bonita: fogão, lava-louças e muitos armários para comportar todos os itens.

O único armário que queríamos realmente trocar era uma cristaleira na sala de estar, onde costumava ficar uma televisão de tubo e que, por isso, era um daqueles móveis bastante profundos. Como queríamos aumentar o espaço da sala, decidimos tirar a cristaleira para colocar ali apenas um painel no qual seria fixada a televisão.

Apesar do apego da minha sogra a esse armário, ela permitiu que nos desfizéssemos dele, sabendo que remontaríamos a sala para que ficasse mais espaçosa.

Na época, eu e o Daniel, meu marido, trabalhávamos muito, mas não tínhamos ainda uma reserva financeira: estávamos no início do crescimento da carreira. Resolvemos então priorizar alguns móveis mais importantes do dia a dia e ir comprando o resto aos poucos.

Apesar de gostarmos de folhear revistas de arquitetura e decoração, entendíamos muito pouco ou quase nada de como mobiliar e decorar. Não tínhamos ideia de como montar o apartamento, não sabíamos nem por onde começar. Confesso que, até poucos meses atrás, eu nem sabia qual era o tipo de piso que havia lá.

Além disso, tínhamos gostos e vontades opostas. Ele queria texturizar a parede da sala, pintar com cores fortes e colocar um quadro bem colorido que ocupasse a parede inteira; eu, por outro lado, queria tudo branco, sem nenhuma textura, tudo bem claro e neutro.

Pedimos então a ajuda da esposa de um primo do Daniel, que é arquiteta e uma das pessoas com mais bom gosto que conheço.

Ela foi essencial nesse processo! Com as suas orientações, conseguimos encontrar um equilíbrio e pensar nos ambientes de uma forma que agradasse aos dois.

— Nem branco, nem vermelho: que tal pintarmos a parede de uma cor chamada areia? — ela sugeriu.

Com sua ajuda, definimos o layout dos cômodos, entendemos os móveis que precisaríamos comprar e decidimos quais seriam prioritários. Ela também nos orientou sobre quais consertos precisariam ser realizados antes de nos mudarmos para o apartamento.

Alguns ajustes foram feitos: a cristaleira, retirada, as paredes, pintadas, e a casa transmitia agora aquela paz e serenidade!

A entrada no apartamento foi gloriosa. Eu ainda não estava acreditando que teria o meu próprio espaço e poderia fazer tudo do meu jeito! Deixar a casa toda organizada, e com a minha cara!

O apartamento tinha três quartos. Um deles era a suíte do casal, com closet e tudo! *"Ah, que sonho ter um closet para chamar de meu"*, pensei. O segundo seria o futuro quarto do bebê, e o outro se transformaria no nosso escritório.

A sala de jantar, ainda sem móveis, parecia um estúdio de balé. Tinha apenas dois espelhos grandes, que cobriam a parede de cima a baixo, e uma lâmpada pendurada, ainda sem lustre para envolvê-la.

Além da nossa cama, tínhamos comprado uma geladeira, um sofá que ficaria na sala ainda sem televisão e quatro banquetas para colocarmos em volta de uma pequena mesa fixa que havia no meio da cozinha. Eram os itens prioritários para começarmos nossa vida juntos.

Apesar de ainda sem móveis, os quartos estavam agora cheios de caixas fechadas de presentes para começarmos a vida de casados.

Entre louças, travessas, panelas, jogos de cama e toalhas de banho, fui guardando cada um dos meus novos pertences delicadamente nos armários enquanto sorria feliz e inspirada por fazer as coisas do meu jeito. Panelas embaixo da pia, o aparelho de jantar nas prateleiras do armário, os copos e as taças do outro lado da cozinha.

Como não tínhamos um roupeiro para guardar as roupas de cama e toalhas de banho, defini um armário dentro do "quarto do bebê" e organizei cada uma das prateleiras. Tudo dobrado do meu jeito, formando pilhas de cada um dos itens. Pilhas de toalhas de rosto, depois de banho, depois de piso. Jogos de cama em cima, o edredom na prateleira maior e, na menor, algumas fronhas avulsas.

A sensação de ter o meu espaço, com cada coisa que escolhi, no lugar que escolhi, como decidi foi indescritível. Essa emoção corria por todo o meu corpo, e a felicidade se espalhava como uma onda no mar que quebra na beira da praia, junto com a brisa leve e agradável de um dia de sol. Inspirei, expirei. Sorri. Abracei meu marido e senti a vitória no meu piscar de olhos naquele abraço apertado.

Sinto dizer que essa sensação de prazer e harmonia com a minha casa durou pouco. Em poucos anos via-se uma casa em pleno caos.

Um ano depois da mudança

Nosso primeiro aniversário de casamento chegou: bodas de papel. Que alegria! Sobrevivemos ao primeiro ano juntos, repleto de conversas, algumas discussões e bastante companheirismo.

Nossa casa já estava praticamente pronta, e eu morria de orgulho de como ela havia ficado. Tínhamos comprado a mesa de jantar e as cadeiras, os pendentes para iluminação, o painel e a mesa de cabeceira para o nosso quarto.

Com o tempo, também comecei a prestar mais atenção à decoração.

Na sala de jantar, ao lado da mesa, colocamos um aparador com a nossa adega, e na parte de cima, em uma bandeja de madeira, fizemos o nosso "bar". Ao lado das bebidas, pusemos uma cafeteira e um porta-retratos com uma foto do nosso casamento. Curtíamos cada detalhe da decoração.

Eu gostava muito de andar a pé na Teodoro Sampaio, uma rua de São Paulo cheia de lojas de móveis e decoração que ficava bem próxima ao apartamento, e vira e mexe voltava com algum bibelô para a nossa casa. Também havia uma floricultura na rua de trás, e quase toda semana eu ia lá buscar novos arranjos para enfeitar a sala. A Vanessa, dona da floricultura, até ficou minha amiga. Amava passar lá às sextas-feiras para conversar com ela e já trazer um arranjo para casa. Foi nessa época que comecei a pegar gosto por flores.

Um dos pontos altos do apartamento era um quadro que fiz para a sala de estar. Decidi imprimir uma foto que tirei na lua de mel e emoldurar. Ficou a coisa mais linda. Era uma vista de um píer na Grécia, com a imensidão daquele mar azul e um barquinho que atravessava a água no momento da foto. Ampliamos a imagem para um metro de altura e a colocamos em uma moldura preta com passe-partout branco. Eu podia ficar horas apreciando aquele cantinho da minha casa. Como amei fazer aquilo!

Apesar de passarmos pouco tempo no apartamento, nós o curtíamos muito.

Como trabalhávamos fora quase o dia inteiro, só sobrava a noite para ficarmos juntos. Nessa época, também aproveitávamos para viajar bastante. Sabíamos que não demoraria para termos filhos e queríamos aproveitar ao máximo a vida a dois.

Quase todo final de semana fazíamos alguma coisa em casa, fosse para a família ou chamando algum casal de amigos. Nós amávamos receber gente na nossa casa!

Apesar de o apartamento estar esteticamente impecável – do jeitinho que eu queria –, dentro dos armários eu já encontrava bastante dificuldade em manter a ordem. Tentava não dar muita importância, mas no fundo me incomodava.

Nossas roupas não cabiam no closet, e por isso começamos a invadir os outros armários da casa. Manter as dobras da forma como eu havia organizado no começo se tornara um sonho distante. Nada se mantinha igual.

Eu já questionava a parte interna dos armários e sentia que eles não eram adequados para os itens que eu guardava. As prateleiras eram altas e fundas demais, e as roupas viravam um "bololô" naqueles espaços. Eu não podia dizer à minha sogra que não gostava dos armários, primeiro porque sempre fui muito grata pela ajuda e segundo porque ela se orgulhava bastante de cada um deles, da forma que ela os havia desenhado e mandado fazer.

Meus casacos de tricô ficavam em uma prateleira mais alta da qual dava até medo de se aproximar e tinham virado uma espécie de pilha desmoronada, com peças reviradas. Nos banheiros, aqueles gabinetes enormes embaixo da pia agora pareciam entulhados de produtos, amostras e estoques. "*Talvez fosse melhor se aqui eu tivesse gavetas*", eu pensava.

Eu morria de vergonha de que alguém visse como meus armários estavam organizados por dentro. Mantinha sempre tudo fechado e evitava abrir caso tivesse visita em casa.

A essa altura, eu já percebia que os armários e os espaços para guardar meus objetos não funcionavam bem, mas, como o apartamento não era nosso e a intenção era mudar assim que conseguíssemos, decidimos por não investir em uma reforma.

O futuro quarto do bebê virou o quartinho da bagunça: tudo que não sabíamos qual destino dar acabava nesse quarto. Eu me sentia estressada só de olhar para ele, então muitas vezes mantinha a porta fechada para evitar as brigas com meu marido.

Nessa época eu contratava uma pessoa que vinha duas vezes por semana limpar o apartamento. Durante a semana, eu ficava pouco em casa e o seu serviço me ajudava demais, assim, eu conseguia curtir o final de semana sem precisar ficar limpando. Ela deixava tudo muito limpo e mais arrumado, mas muitas vezes eu me perdia nessa arrumação.

Enquanto ela fazia a faxina, naturalmente as coisas mudavam de lugar. Com isso, comecei a perder pertences pela casa e levava horas para encontrar minhas coisas. Às vezes passava mais de uma semana para encontrar algo perdido.

Diálogos como este eram muito comuns:

— Amor, você viu onde está meu prendedor de cabelo que havia deixado na sala antes da faxina?

— Não vi.

Semanas depois:

— Encontrei! — falei para o Daniel.

— Onde estava? — ele me perguntou.

— Na gaveta das velas, aqui na área de serviço.

O fato era que algumas coisas não tinham um lugar claro e definido, e tudo que ela não sabia onde guardar ou estava no meio do caminho era colocado em "qualquer lugar". No fundo, a culpa era minha por não ter esses locais definidos, e ela, para conseguir fazer uma boa limpeza, precisava direcionar os itens para algum lugar.

Eu me sentia brincando de "Onde está Wally?", tentando encontrar as coisas na minha própria casa.

Três anos depois da mudança

Grávida de 30 semanas, trabalhando loucamente e começando a organizar a casa para receber a Marina, minha primeira filha, deparei-me com o seguinte problema: o que fazer com a montanha de coisas que estavam instaladas no quartinho da bagunça, que na verdade deveria estar vazio para ser o quarto do bebê?

Foi quando descobri, em mim, um potencial ainda desconhecido: perita em otimização dos espaços. Como eu era boa nisso! Comecei a encontrar e criar novos espaços de armazenamento. Algumas coisas foram doadas, e a maioria ganhou novo endereço para ser guardada.

Entre espaços vazios e brechas nas gavetas, consegui realocar tudo aquilo que até então me estressava naquele quartinho.

Alguns presentes que havíamos ganhado de noivado ainda estavam fechados. Decidi que era hora de desembalar e colocar para uso. Agora eu precisava encontrar um novo local para guardá-los.

Abri aqueles jogos de banho novinhos e logo pensei em um novo local: o gabinete embaixo da pia do banheiro! Na época, achei que seria uma solução incrível e pensei que nunca mais aquele espaço voltaria a ficar bagunçado como antes.

Um dos maiores desafios foi encontrar um lugar para guardar os nossos instrumentos musicais. Eram cinco *cases* de instrumentos (uma guitarra, um violão, um cavaquinho, um banjo e um violino), além de um amplificador de som e uma pedaleira para a guitarra. Com exceção do violino, que era meu e eu já nem tocava mais, os demais instrumentos e acessórios eram todos do meu marido. Ele, por sua vez, tocava eventualmente.

Foi um sufoco encontrar um endereço para eles, mas eu consegui! Os instrumentos ficaram em um vão que existia entre a parte superior de um móvel do escritório e o teto. O amplificador foi para o quartinho da área de serviço. Coube exatamente embaixo do móvel que tínhamos lá. Que sucesso!

Com um barrigão enorme, lá estava eu, serelepe e zanzando pela casa em busca de novos espaços e otimizações para ter tudo bem organizado e preparado para a chegada da minha pequena.

Eu sentia que estava conseguindo "organizar" tudo, mas a bagunça só ia de mal a pior, e eu nem sabia. Não tinha ideia de todos os erros que estava cometendo e no final preparava um terreno superfértil para a bagunça colapsar!

Cinco anos depois da mudança

Dois filhos, dois berços, 420 mil itens espalhados pela casa, todos os armários e espaços de armazenamento abarrotados, brinquedos espalhados, as cadeiras da sala cobertas por roupas usadas e não guardadas, e a mesa de jantar agora era uma extensão do nosso escritório, com computador e pilhas de papéis espalhadas por toda a superfície. Nosso guarda-roupas tinha gavetas tão cheias que quase emperravam para abrir; além do meu cabelo espalhado pelo chão da casa toda, que unia aquele momento pós-parto em que parece que ficaremos carecas com o estresse à angústia daquela desordem sem tamanho em que minha casa se encontrava. Uma bagunça sem precedente.

Era dia de vacinar o Benny, meu filho menor, e eu revirava toda a casa em busca de sua carteirinha de vacinação. Havia papéis por todos os cantos, além de acessórios de bebês, mordedores e chupetas. E, em meio a essa confusão, acabei perdendo o celular.

— Amor, liga para o meu telefone — gritei para meu marido —, não estou lembrando onde deixei!

Ele respirou fundo e ligou. Nesse momento estava em pé, em frente à porta de casa, me esperando para sairmos, enquanto minha filha, que acabara de completar dois anos, chorava porque não queria ir.

O meu telefone tocou, e eu o encontrei.

— Achei! — gritei para ele do banheiro, onde o celular estava perdido. Nesse momento, minha filha fez cocô na fralda.

Meu marido foi até a cômoda para trocá-la e deu um grito:

— Ná, onde você colocou a pomada?

Lembrei que a usara minutos antes para trocar o Benny, mas não sabia exatamente onde a havia colocado.

— Amor, olha na gaveta do meio, é onde costumo deixar.

Enquanto dizia isso, ainda continuava na saga da carteirinha de vacinação. Precisava encontrá-la pois sem ela não conseguiria dar as vacinas no meu filho.

Meu marido ainda não havia achado a pomada, e eu sentia na minha respiração o descontrole da situação. Suando e bufando, fui até ele, brava, para abrir a tal gaveta do meio e mostrar onde a pomada se encontrava. Para minha raiva e surpresa, realmente não estava lá.

Ele lançou aquele olhar sarcástico, como quem diz "Viu? Eu procurei", e como num estalo me lembrei que guardei a pomada na bolsa para levar comigo em caso de necessidade. Tirei-a da bolsa, entreguei-a para ele e, como um presente, vi que a carteirinha de vacinação já estava lá dentro também. (Suspeito que devo ter deixado na bolsa desde a última ida ao posto de vacinação.)

Saímos de casa e pensei: *"Onde foi que eu errei?"*.
Será que a casa precisa ser sempre essa bagunça, desarmonia e caos? Algo teria que mudar.

O começo de tudo

Antes de avançarmos nesta história, acho importante voltar ao início. Para antes da saga do apartamento 32B. Onde tudo começou. Minha casa de infância.

Fui criada com muito amor, dedicação e bagunça. Filha do meio, uma irmã mais velha, um irmão mais novo, um apartamento pequeno na cidade de São Paulo e trocentos itens espalhados pela casa.

Apesar de a minha família ser extremamente rígida, com uma educação bastante autoritária, a desorganização da casa era predominante.

Nunca entendi o motivo de tanta bagunça, já que desde sempre cada um de nós tinha responsabilidade sobre seus pertences e cuidava para guardar as coisas. Mesmo assim, o apartamento parecia sempre revirado como após a passagem de um tornado.

O tamanho do apartamento era um desafio por si só. No quarto onde dormíamos, mal cabiam duas camas, quanto mais três. Por isso, dormíamos no que se pode chamar de "treliche", ou um beliche com uma bicama. O sistema era de revezamento. Cada semana um dormia em uma das camas. Verdade seja dita: nenhum de nós queria dormir na bicama, pois ao acordar era preciso fechá-la para podermos circular no quarto, e para fechá-la era preciso arrumá-la. O melhor era dormir em cima. Era mais fácil de arrumar: dava até para deixar a cama meio bagunçada, pois era difícil para quem estava de fora vê-la. A cama de baixo, no caso do meio, era confortável e não precisava ser fechada, mas eu batia a cabeça direto enquanto a arrumava. Fora isso, ainda havia a escada que atrapalhava toda a arrumação.

Tenho muitas lembranças desse apartamento, mas uma que me marcou profundamente foi quando meus pais resolveram vendê-lo para nos mudarmos para um lugar um pouco maior.

No processo da venda, frequentemente recebíamos interessados em conhecer o imóvel. Lembro-me como se fosse hoje do som do interfone tocando e do porteiro avisando que havia chegado um possível comprador. Morávamos no décimo segundo andar e, nesse intervalo de tempo da saída da portaria até a campainha de casa soar, podíamos contar uns cinco minutos, tempo precioso para deixarmos tudo arrumado e impecável para a visitação. Nesse período, víamos o poder de transformação daqueles cômodos. Saíamos do caos pós-terremoto e entrávamos no modo casa de revista, sem que houvesse nenhum item aparentemente fora do lugar.

Acontece que, apesar de um cenário bonito, todos os nossos itens eram enxotados para qualquer lugar na velocidade da luz, e, se qualquer armário da casa fosse aberto, ocorreria um desmoronamento de pertences variados.

O desafio maior vinha sempre após a visitação. Tínhamos uma espécie de desorientação da casa, onde nenhum de nós sabia onde estavam suas coisas. Eram gritos de:

— Quem guardou meu estojo?
— Alguém viu minha camiseta do uniforme?
— Onde está minha carteira?

Nós não pegávamos nossos itens, nós *procurávamos*. Às vezes por horas a fio.

Apesar de ser judia e não acreditar em santo, São Longuinho, o santo padroeiro dos esquecidos e das coisas perdidas, foi meu fiel escudeiro de muitos anos, especialmente nesse período.

— São Longuinho, São Longuinho, se eu achar meu estojo, dou três pulinhos. — Podem imaginar a quantidade de pulinhos que já dei?

Anos depois, conheci uma nova técnica que me permitiu economizar centenas de pulinhos: o uso do copo virado. Quando você não encontrar um item que está procurando, vire um copo de cabeça para baixo e só desvire quando achar o que foi perdido. Confesso que quase sempre se podia ver em algum canto da casa um copo virado para baixo.

Depois de tudo isso, como contar a vocês que me tornei uma profissional de organização de residências e que minha casa hoje, além de ser meu lugar preferido no mundo, é um lugar de paz e harmonia?

Se, alguns anos atrás, alguém me falasse que eu trabalharia como *personal organizer*, que ajudaria as pessoas a sair do caos para uma casa arrumada e tranquila, que teria milhares de alunos que transformariam suas casas em um porto seguro, eu daria risada. Quase minha vida inteira, morei no meio da bagunça. Não me orgulho disso, mas também não me culpo. Que bom que as coisas são mutáveis ao longo do tempo e cá estou. Hoje posso afirmar com segurança que sei tudo que tenho e onde cada item está guardado.

Mas, este livro não é sobre a minha vida, não é sobre a bagunça nem sobre a sua casa.

Também não é sobre arrumar gavetas ou dobrar roupas. Este livro é sobre você. Como *você* pode transformar a sua vida a partir da organização da sua casa.

É sobre o seu comportamento perante as suas coisas, as suas escolhas.

Em uma palestra do Peter Walsh, renomado *personal organizer* norte-americano, ouvi a seguinte frase, que me marcou: "Sua casa deve ser seu santuário, e não o seu depósito". Isso reverberou em mim de tal forma que me fez compreender a importância de nossa casa estar organizada. A sua casa é a extensão do seu corpo. É o seu porto seguro, seu abrigo. É onde você repousa, sua mente relaxa e muitas experiências e histórias são construídas. Assim como devemos cuidar do nosso corpo como nosso templo, devemos cuidar da nossa casa como parte de nós.

Ter uma casa organizada, fácil de manter, prática e com cada coisa em seu lugar é, com certeza, um grande desejo das pessoas, mas também um desafio constante.

Mesmo com tantos profissionais de organização, programas de televisão, novas técnicas e best-sellers sobre o tema, muitas pessoas enfrentam diariamente o desafio de manter a casa organizada.

Já ouvi relatos de centenas delas, que tentaram organizar a casa e a bagunça sempre voltou. Passamos a vida olhando para a bagunça como a nossa grande inimiga, a vilã da história. Ficamos tão focados em resolvê-la que nos esquecemos de olhar para a origem do problema. Quem bagunça? Por que bagunçamos? Quais as dificuldades que temos? Será que sabemos mesmo como organizar?

Olhar para armários desarrumados, papéis que se multiplicam, brinquedos soltos pela casa é olhar apenas a consequência do problema.

A bagunça é um sintoma, e não a causa, e de nada adianta ficar tentando remediar o sintoma se não investigarmos sua origem.

Quando tratamos o sintoma e não a causa, na maioria das vezes o problema volta, justamente porque o que o originou não foi eliminado.

No final da adolescência, comecei a ter fortes crises de dor de cabeça. Passei algum tempo com esse desconforto e não sabíamos o motivo. Busquei ajuda médica para descobrir a causa, fiz diversos exames e ninguém diagnosticava o que poderia ser. Passei a tomar analgésico quase diariamente. O Tylenol foi o meu melhor amigo por algum tempo para aliviar minhas crises, e isso começou a me atrapalhar na escola e nas atividades do dia a dia.

Anos depois, em uma consulta oftalmológica de rotina, eis que surgiu a origem do meu problema: eu precisava usar óculos! Eu lia bem e com facilidade, mas minha vista ficava cansada e fazia um esforço maior do que o necessário para ler, causando as crises de dor de cabeça.

A chegada dos óculos trouxe bem-estar e alívio e resolveu de uma vez por todas o meu problema. Parei de tratar o sintoma e consegui resolver a causa!

É disso que estou falando, e é isso que este livro ensina: a encontrar a origem do problema, a raiz da bagunça, para poder tratar a causa, e não o sintoma.

Eu vou guiar você através dos conceitos, hábitos e atitudes que estão por trás da sua bagunça, vou ajudar a olhar para dentro, a reconhecer os seus desafios e identificar quais comportamentos estão ajudando ou atrapalhando sua organização.

Convido você a mudar sua visão sobre a organização, desmistificar o que é a bagunça, conhecer a origem da sua desordem e transformar, de uma vez por todas, a sua casa e a sua vida.

PARTE 1

DO CAOS À CALMA

CAPÍTULO 1

Bagunceira, EU? Imagina!

Eu sempre gostei de organizar. Desde pequena, quando estava estressada, começava a arrumar alguma coisa sem perceber. Parecia que isso me acalmava.

Confesso que sempre fui um pouco preguiçosa (taurina, né, minha gente? E minha mãe aqui talvez aumentasse esse "um pouco" para "extremamente" preguiçosa). Eu era daquelas que questionavam para que arrumar a cama, se logo depois eu ia me deitar e bagunçar tudo de novo?

Por outro lado, sempre tive um pensamento muito racional e sistemático. Acho que aprender a pensar assim foi uma questão de sobrevivência, reflexo de ser filha de dois engenheiros. Por isso, a organização exterior, do ambiente, refletia minha organização interior. Para que eu conseguisse acompanhar meu raciocínio, muitas vezes precisava antes arrumar o ambiente em que estava.

Quando cheguei à adolescência, durante o final de semana ou nas férias escolares, eu passava uma parte do tempo arrumando meu quarto ou tentando organizar alguma parte da casa dos meus pais.

Eu me lembro de umas férias em que decidi organizar as fotos. Naquela época não existiam fotos digitais, elas eram reveladas. Comprávamos filme de 12, 24 ou 36 fotos e, depois de reveladas, as colocávamos em pequenos álbuns. Éramos muito mais seletivos na hora de fotografar, já que tínhamos um limite. Com o tempo e aquele tira e põe de fotos no álbum, elas começaram a se perder e tudo virou uma grande bagunça de fotos, fora de ordem cronológica e sem nenhuma organização. Passei aquelas férias de julho inteiras remontando todos os acontecimentos desde o casamento dos meus pais até a data presente. Comprei dez grandes álbuns no centro da cidade, nos quais ordenei todas as fotos por anos e eventos. Etiquetei todas as folhas com as datas. Ficou incrível.

Mesmo assim, o grande mistério que me afligia e que eu não conseguia desvendar era como, mesmo adorando organizar e fazendo isso constantemente, tudo parecia perdido em pouco tempo. Meu quarto continuava bagunçado, minhas coisas sempre entulhadas, e eu demorava para encontrar o que precisava. A sensação era de que, mesmo que tentasse organizar, eu só mudava a bagunça de lugar.

A única certeza que eu tinha era a de que, quando me casasse, conseguiria domar a bagunça e ter a minha tão sonhada casa de revista. Eu vivia repetindo para os meus pais:

— Na minha casa vai ser diferente, não vai ter essa bagunça.

No meu plano, estavam inclusos: armários impecáveis, filhos calmos e obedientes, marido super organizado e muito tempo para cuidar da casa.

Obviamente não foi isso que aconteceu, e a realidade que tive que encarar desde o início do casamento foi uma casa totalmente fora do controle, com a bagunça que só se acumulava, filhos que pareciam dois mini furacões, marido que não se incomodava tanto com a bagunça e zero tempo para cuidar da casa!

Meu marido sempre foi muito companheiro e nosso relacionamento, bastante respeitoso. Mesmo com as discussões e as divergências de opinião, o diálogo sempre esteve presente para resolvermos todas as nossas questões.

Em praticamente todos os assuntos do nosso casamento existia uma conversa aberta, mas as questões de tarefas da casa e de sua organização pareciam compor um cenário mais obscuro, mais sensível de tocar.

Eu sentia que, embora ele participasse e ajudasse com a casa, a maior carga mental acabava recaindo sobre as minhas costas. Eu já acordava pensando: *"O que preciso descongelar hoje para termos jantar à noite?"*, *"A despensa já está ficando vazia, preciso me organizar para passar no supermercado depois do trabalho"*, *"O tempo está feio e a roupa não secou, vou deixar mais um dia no varal*". Eu não sentia que, nessa logística de funcionamento da casa, ele estivesse tão envolvido quanto eu.

Quando me casei, minha expectativa era a de que meu marido sentisse o mesmo incômodo que eu com a bagunça. Que as tarefas da casa fossem divididas 100% iguais, e que ele tivesse o mesmo empenho em manter tudo organizado.

Mas a realidade é que a importância que eu dava para o planejamento e os cuidados com a casa era diferente da que o meu marido dava. Mesmo ele também gostando da ordem, não se importava tanto com o sofá todo revirado com as almofadas, os controles da TV sempre perdidos, um prato esquecido em cima da mesa ou os sapatos soltos em algum lugar pela casa. Não ligava se a roupa não estava seca no dia em que eu ia tirar tudo do varal.

Ele nunca deixou de ajudar, mas eu não queria ajuda. Queria alguém que dividisse comigo essa responsabilidade. E, se já me sentia sobrecarregada mesmo antes de ser mãe, mal sabia eu a tonelada de carga mental que ainda viria com a chegada dos filhos.

Certa manhã, enquanto estávamos sentados na mesa da cozinha tomando café, achei um momento oportuno para dizer a ele uma coisa que estava me incomodando. Olhei-o com calma e falei:

— Amor, precisamos conversar sobre algumas questões da bagunça aqui de casa. Você se esquece de guardar suas coisas depois de usar, tem sempre alguns itens perdidos pela sala, pelo escritório, na cozinha, seu esconderijo está sempre abarrotado. — Pausa para contextualizar o que era o esconderijo: entre o pendurador de roupas dele e as gavetas, havia uma prateleira. Tudo que ele não sabia onde colocar ou roupa que já tinha vestido mas ainda poderia usar novamente antes de lavar, ele deixava nesse espaço. Eu o apelidei carinhosamente de "esconderijo", pois meu marido achava que eu não estava vendo, e, acredite, eu preferia mesmo não ver.

Ele respirou, olhou nos meus olhos e me respondeu:

— Ná, sei que você gosta de tudo arrumado, que devolve tudo para o lugar e que está sempre fazendo coisas pela casa, mas eu não sou o único responsável por toda a bagunça. Você se incomoda com as minhas coisas, mas os seus armários também estão desorganizados, parecem entulhados. Você também é bagunceira.

O quê???

Bagunceira???

Eu??? Imagine!

Como ele ousava dizer isso?

Engoli em seco. Aquilo doeu fundo em mim.

Eu não sou bagunceira!

Eu não gosto de bagunça. Eu me sinto estressada com ela. Não faço de propósito.

Não venha falar assim de mim.

Talvez eu realmente só não soubesse organizar direito...

Fui dormir chateada.

Depois daquela discussão, voltamos a conversar e nos entendemos. Fizemos alguns novos combinados para cada um ajudar mais em casa: ele devolveria para o lugar as coisas que usava ao longo do dia, e eu tentaria me organizar melhor.

Parecia tudo resolvido, mas aquele adjetivo que havia me sido dado ainda era muito desconfortável.

Confesso que, no fundo, no fundo, eu me sentia mesmo bagunceira. Secretamente, eu tinha o desejo de ser mais organizada.

E se eu realmente fosse bagunceira?

Apesar de sentir que existia um fundo de verdade nesse rótulo que agora recaía sobre mim, o processo de aceitar o título de bagunceira levou alguns anos. Essa aceitação não se deu a partir da consciência da minha bagunça, e sim do entendimento mais profundo do que era organização.

Não foi fácil, mas assumir o título de Miss Bagunceira foi o ponto de partida que me fez buscar os recursos necessários para mudar esse comportamento.

Nesse processo, pude compreender as primeiras lições:

1. Organizar não é intuitivo. A gente não nasce com um chip de organização instalado. Assim como a gente aprende a ler e escrever, a gente pode, e deve, aprender a organizar.
2. Todo mundo tem algum traço de bagunceiro dentro de si. Alguns mais, outros menos. Não é demérito nenhum bagunçar.

Ufa. Não sou só eu. Bem-vindo ao mundo dos bagunceiros! Está tudo bem ser assim. Mas isso não quer dizer que a sua casa ou a sua vida deva ser uma bagunça!

Apesar de não gostar de rótulos, identificar (mesmo que secretamente) que eu realmente era bagunceira foi essencial para dar início a toda essa jornada de organização. E isso só foi possível quando comecei a entender o que estava por trás de uma casa organizada.

CAPÍTULO 2

Expectativa x Realidade

Quando você pensa em uma casa organizada, qual imagem lhe vem à cabeça?

Pare, feche os olhos, respire fundo e visualize.

O que você pensou?

Provavelmente você visualizou espaços da sua casa, cômodos ou gavetas organizadas. Aquele armário com tudo guardado, os pertences devolvidos a seus devidos lugares, espaços abertos mais vazios, alguns organizadores nas prateleiras. Imagino que tenha pensado em ambientes e espaços estáticos, como se visualizasse uma fotografia.

Talvez tenham até passado pela sua cabeça aquelas fotos lindas das casas de revista. Essa era a imagem que me vinha sempre que eu pensava em uma casa organizada! Era o sonho da casa perfeita!

Eu sempre amei ver fotos de revista, Pinterest e Instagram. Aqueles ambientes arrumados sempre me deixavam muito inspirada. Tentei replicar várias ideias que observei em fotos, tanto quando morava na casa dos meus pais quanto na minha própria casa, mas não entendia por que nunca conseguia deixar igual. Às vezes eu via soluções de organizadores e saía correndo para comprar igual e replicar a ideia da foto, mas em pouco tempo percebia que acabava diferente.

O ápice dessa frustração foi quando fiquei grávida da minha filha. Lembro-me exatamente daquela foto que vi no Instagram. Um quartinho bem minimalista, claro, iluminado, poucos móveis e tudo branco. Uau! Que lindo! O melhor: era mais ou menos do mesmo tamanho e proporção do quarto que eu tinha em casa e havia reservado para essa função! Com formato retangular, a porta de entrada oposta à janela, um armário grande embutido ao lado da porta. *Bingo!* Vai ser assim o quarto da minha filha.

Para a minha sorte, minha cunhada, que já tinha os filhos maiores, me ofereceu uma poltrona de amamentação e uma cômoda, que ela usara muito com seus três filhos, meus sobrinhos, e das quais já não estava precisando mais.

Ela não só me deu, como ainda, para minha surpresa, ambas eram brancas! Tudo estava se encaminhando para aquele quarto da inspiração e, eu nem era capaz de explicar o tamanho da minha felicidade.

Agora eu precisava retirar a cortina e o papel de parede azuis que decoravam esse antigo espaço da bagunça e deixá-lo bem clarinho, como o da minha visão. Descobri que aquele papel de parede era uma textura, então apenas o pintei de bege-claro e substituí a cortina por um linho branco que ia até o chão.

Meus pais e meus sogros deram o berço para a gente e me deixaram escolher o modelo que eu queria. Obviamente escolhi um berço branco e igual ao da foto que havia visto, com as laterais formando um arco em um estilo mais clássico.

Minha nossa! O quarto ficou exatamente igual ao da foto! Eu tinha conseguido.

Minha filha nasceu em 16 de setembro de 2014. Última semana de inverno do ano. Apesar de próximo da primavera, ainda estava bem frio em São Paulo.

Cheguei da maternidade com a Marina no colo e apresentei a ela seu novo quarto. Eu me emociono só de escrever a respeito. Aquele momento era tudo que eu tinha sonhado. Trazer minha filha para casa, bem e com saúde, naquele novo espaço que seria um dos locais em que eu mais ficaria no próximo ano.

Tudo ia bem, tirando o caos pós-parto, febre, mastite, leite descendo, aprender a ser mãe... Enfim, nada disso vem ao caso, já que este livro não é sobre maternidade e sim sobre organização, então vamos voltar ao quartinho lindo e minimalista.

A Marina nasceu na terça-feira, e saímos da maternidade direto para casa na sexta-feira. Era um dos dias mais frios daquele ano. Minha casa, no quesito temperatura, se assemelhava ao deserto. No frio era muito gelada e, no calor, insuportavelmente quente.

Sabendo disso, eu já tinha me antecipado e comprado um aquecedor portátil a óleo. Se precisasse, deixaríamos o quarto quentinho para que ela pudesse dormir bem. Dito e feito: logo no primeiro dia, colocamos esse aquecedor, um trambolho preto e grande, no meio do quarto e o ligamos.

A banheira que eu havia comprado não cabia dentro de nenhum box da casa, então planejei dar o banho fora do box, com a banheira apoiada no suporte em frente à pia. Acontece que, com aquele frio, não achamos prudente dar banho em uma recém-nascida naquele banheiro gelado.

— Vamos levar a banheira com o suporte para o quarto! — sugeriu meu marido.

— Excelente ideia! Isso resolve tudo! — respondi aliviada.

Banheira instalada no quarto, coloquei alguns panos no chão caso espirrasse água e trouxemos alguns baldes para ir enchendo com a água quente do chuveiro.

Resumo da ópera: pelos três meses seguintes, até que o verão chegasse, aquele quarto minimalista e *clean* contava com o suporte gigante da banheira, a banheira, dois baldes, muitos panos de chão e o aquecedor preto a óleo fazendo a decoração no meio do ambiente.

E por que eu estou contando isso? Porque foi assim que eu descobri a diferença entre a nossa casa e a fotografia do Instagram: a foto é estática e a nossa casa tem vida, e vida é movimento.

Depois que minha filha chegou, o quarto nunca mais ficou igual ao da foto. E que bom!

Percebi então que não era somente a organização que eu precisava ajustar, e sim a expectativa.

Se você não mora em um museu ou em um apartamento decorado para visitação, se existe vida no seu ambiente, a única certeza que posso lhe dar é que *vai bagunçar*! As coisas vão sair do lugar, vão se movimentar.

E por isso vamos aqui à nossa lição de número três:

3. A bagunça sempre vai existir na sua casa! Bagunçar é natural, faz parte da vida.

A casa é para ser vivida, e viver bagunça!

As coisas saem do lugar, sujam, mancham, estragam. E, mesmo que você seja cuidadoso, alguns estragos vão acontecer.

O importante é usar e curtir o que você tem.

Se você for cozinhar, vai precisar tirar as panelas do lugar, pegar potes, trazer os alimentos, deixar os temperos à vista. Isso é normal. Quando eu cozinho, parece que passou um tornado na minha cozinha. Se alguém tirasse uma foto desse momento, talvez a legenda fosse: "cozinhando no furacão". Contudo, enquanto eu vou cozinhando, vou devolvendo as coisas para o lugar, lavando a louça ou colocando na máquina de lavar e ao final da refeição, após terminar de guardar tudo, teríamos uma nova foto: a fotografia de sucesso da cozinha. Poderíamos fazer aquele antes e depois com uma hora de diferença. "Do caos à calma", seria a legenda.

O que eu quero dizer com tudo isso?

A organização não pode ser traduzida por imagens, fotos estáticas. Ela é como a nossa vida: dinâmica. Já diria Marie Kondo: "A organização é uma ferramenta, não o objetivo final. Sua meta deve ser adotar um novo estilo de vida". Saber que o estético não é a coisa mais importante na hora de organizar já é um enorme alívio.

Ajustando a expectativa e entendendo que a bagunça não é o oposto de organização, percebi que é possível bagunçar e em pouco tempo ter tudo de volta ao lugar. Ainda assim, eu não compreendia por que minha casa me incomodava, por que eu continuava sentindo que a minha bagunça não era tão temporária. Será que o que eu fazia era mesmo organizar?

CAPÍTULO 3

O que é organizar?

Assim que a Marina nasceu, já nos seus primeiros dias de vida, começamos a receber algumas visitas em casa.

Eu, que estava acostumada a trabalhar fora o dia inteiro, cercada de pessoas e reuniões, me vi em um momento recluso e me sentindo muito sozinha. Toda visita era uma oportunidade de ver e conversar com alguém, o que ajudava a passar algumas horas.

Acontece que, naquela época, a casa estava extremamente bagunçada. A cada visita que chegava, eu morria de vergonha que a pessoa entrasse e visse o caos que estava. Então, sempre que existia a chance de receber alguém, eu já me programava para "organizar" a casa. Lembro que eu colocava a Marina dentro do *sling* (aquele pano que a gente acopla ao nosso corpo) ou aproveitava os minutos de soneca dela e saía recolhendo tudo que estava solto pela casa.

Sendo uma grande fã de caixas e organizadores, eu juntava tudo e ia jogando dentro deles. Lavava a louça, arrumava a cama. Pegava o computador e as coisas da sala, recolhia todos os brinquedinhos e acessórios de bebê, juntava roupas e sapatos que estavam soltos pela casa e ia jogando dentro dos armários. Rapidamente eu notava uma grande mudança no ambiente. "*Puxa! Até que eu sou boa em organizar!*", eu pensava.

A visita chegava e, quase sempre surpresa, me falava:

— Nalini! Como sua casa está arrumada! Como você consegue? Você acabou de ter um bebê!

Eu ficava toda orgulhosa com o elogio.

Mal sabiam que a casa *parecia* toda organizada, mas, para pegar qualquer coisa dentro de um armário ou gaveta, era um sufoco! Sempre que precisava buscar alguma coisa, eu perdia muito tempo para encontrar. Conforme abria os armários e as gavetas, não conseguia identificar muito bem o que havia dentro de cada uma delas.

Aquela ilusão da minha casa organizada ia por água abaixo.

Além da frustração, eu me lembrava daquela cena que vivia quando a casa dos meus pais estava à venda, da sensação de esconder a bagunça e depois não encontrar mais nada. Sem perceber, estava repetindo exatamente o que acontecia na minha infância.

O grande erro que eu cometia é que eu não sabia *o que* era organizar.

Eu pensava que devolver tudo para o lugar e ver o ambiente arrumado já cumpria a função da organização, mas não pensava que havia apenas escondido a bagunça, não tinha lidado com ela.

Chegamos à nossa próxima lição:

4. Organizar vai muito além de guardar.

Quando você só sai guardando tudo, em geral você tem em mente o "estético", o deixar tudo bonito. Só quer tirar a bagunça da frente, podendo até devolver o objeto para o lugar, mas sem considerar se está no melhor local, armazenado de uma forma que você consiga ver e acessar o que tem. Você pode guardar tudo em caixas bonitas, por exemplo, mas internamente as coisas podem estar bagunçadas.

Nessa arrumação, os itens podem estar cada hora em um lugar, muitas vezes sem um critério definido. Nem sempre a escolha do local é adequada e acontece de você esquecer onde guardou.

Recolher as roupas soltas pela casa, por exemplo, e jogar em prateleiras ou gavetas, mesmo que sejam aquelas em que você costuma guardar, não quer dizer que você organizou.

> **Se não houve uma triagem, um planejamento para definir se aquilo deveria "morar lá" e ser guardado daquela forma, provavelmente você "escondeu a bagunça". Ela continua lá, você só a tirou da sua frente.**

Organizar é muito mais profundo do que sair recolhendo tudo o que está solto pela casa.

Para organizar existe um processo, um passo a passo.

Você precisa entender seus objetivos de vida, fazer o processo de seleção, de desapego, agrupar itens da mesma família, avaliar os seus espaços de armazenamento, pensar nos seus hábitos, em como você usa aquele item e onde faz mais sentido guardar. Entender os seus espaços e suas necessidades.

Tudo isso pode e deve ser pensado e planejado. Quando você entende esse passo a passo, consegue fazer a organização funcionar. Arrumar a casa se torna o hábito de devolver as coisas para o lugar.

A casa arrumada deixa a vida mais leve, mais prática e muito mais funcional, e isso só é possível se você entender o poder e o passo a passo da organização.

Agora, por onde começar a organizar?

ORGANIZAR É:
- Traçar os seus objetivos
- Escolher o que manter
- Escolher o que descartar
- Pensar nos seus hábitos de vida
- Entender os locais adequados para guardar
- Armazenar de forma que você consiga ver o que possui

O PROCESSO DE ORGANIZAÇÃO ENVOLVE:
- Autoconhecimento
- Aprender a fazer escolhas
- Sair do automático

CAPÍTULO 4

Por onde começar

Casei-me com 25 anos, e começamos a vida no apartamento 32B.

A história do apartamento você já sabe. O que você não sabe é que, durante os primeiros anos em que morei nele, em especial quando meus filhos nasceram, secretamente pesquisava apartamentos maiores para alugar e mudar dali.

Eu amava o apartamento, achava que tinha uma metragem excelente para nossa família, fora a facilidade por ser emprestado pelos meus sogros. Mas faltavam armários e espaços de armazenamento para comportar nossas coisas: roupas, os brinquedos das crianças, louças, panelas, malas, todo o material que chegava da escola das crianças e as pilhas de livros e papéis que trazíamos para casa.

Eu tinha claro para mim que todo o meu problema de organização seria tranquilamente resolvido se eu tivesse mais espaço. Eu estava enganada! Eu não tinha conhecimento de que com isso estaria resolvendo apenas a consequência do problema. Eu ignorava o fato de que ter mais espaço poderia inclusive dificultar a organização, já que me permitiria acumular mais e ter mais bagunça escondida. No fundo, eu não conseguia encarar o problema e buscava uma solução mais imediata que pudesse resolver aquela situação caótica. Parecia mais lógico mudar e ter mais espaço do que olhar para a origem da minha bagunça, compreender meus erros e comportamentos e assim tentar resolver a causa de tudo aquilo.

Quantas vezes não fazemos isso? Ao invés de encarar de frente um problema, buscamos resoluções mais superficiais e nos damos por satisfeitos. Acontece que, na maioria das vezes, se não lidarmos com o problema, ele nos acompanhará.

A gente costuma pensar:

"Quando eu tiver a casa dos sonhos..."

"Se eu tivesse a casa ideal..."

A casa dos sonhos não está nos itens materiais, e sim na forma como nos sentimos em relação a ela.

Se não mudarmos nossos padrões e comportamentos na nossa casa atual, levaremos conosco todos os problemas. Nossa bagunça nos acompanha.

Por isso, a quinta lição é:

5. Faça da sua casa atual a melhor versão possível do que seria a sua casa dos sonhos.

A casa ideal é uma combinação de fatores. Nós transferimos toda a expectativa para o ambiente externo: piso, móveis, cômodos, espaços e objetos. Criamos necessidades e encontramos um caminho do que seria essa casa imaginária. Tudo isso é maravilhoso e faz parte do nosso desejo, mas nada disso faz sentido se o ambiente "interno" não estiver bem. Se você não está legal, se está com muita bagunça ou passando por brigas e estresse dentro de casa, mudar para outro imóvel não vai ser a solução.

Levei muitos anos para compreender que não podia esperar a mudança de apartamento para enfim ter a minha casa dos sonhos. Era preciso começar com o que eu tinha em mãos.

Enquanto eu pesquisava na internet opções de apartamentos maiores, cheios de armários e espaços de armazenamento, percebia que fazer uma mudança ainda era um sonho distante. Nós queríamos comprar e ter o nosso apartamento, mas ainda não tínhamos condições financeiras de dar esse grande passo.

Comecei a refletir que talvez a única opção que eu tinha naquele momento, sem a possibilidade de mudar de casa, reformá-la ou comprar mais armários, fosse estudar o assunto, buscar compreender quais erros eu estava cometendo e o que poderia estar causando tanta bagunça em casa.

Foi quando decidi aceitar a dificuldade que estava tendo e assumi que precisava de ajuda. Eu ainda não conhecia o trabalho de uma *personal organizer* e buscando na internet encontrei um site de uma escola de Organização de Residências. Vi que existiam cursos de organização e concluí que era isso que eu precisava: aprender mais a fundo sobre as técnicas de organização.

Eu me inscrevi em um curso de organização residencial.

Como boa aluna que sempre fui, quando decidia estudar alguma coisa, era para valer. Declarei a mim mesma que iria aprender de uma vez por todas a organizar minha casa e, com isso, destituir meu título de Miss Bagunceira.

Comprei meu caderninho e lá fui eu estudar novamente.

Logo nesse primeiro curso, voltei para casa com a cabeça fervilhando de informações!

Dobre assim, use tal organizador, coloque isso em pé, aquilo deitado, o outro em pasta. Não faça isso, não use aquilo. Coloque por cor, alinhe por tamanho, encontre lugares mais acessíveis. Junte por material, inverta a ordem, do maior para o menor, do mais claro para o mais escuro. Se bater sol no armário, comece pelas peças claras, do contrário, pelas escuras. Mude os cabides, divida as gavetas, mexa nas prateleiras... Enfim, foram muitas horas de curso, e voltei com um dicionário de orientações para que conseguisse organizar cada cômodo da minha casa.

Durante as aulas, já ficou claro:

A. Que nós não aprendemos a organizar e existem muitas técnicas e soluções que a gente nem imagina.

B. O processo de como você guarda e armazena os seus pertences pode ajudar ou atrapalhar muito o seu dia a dia.

Tirei um final de semana para colocar em prática todas as técnicas aprendidas.

Junta louça na cozinha, inverte a ordem das roupas, alinha todos os cabos na mesma direção! Uma belezinha como ficou cada uma das gavetas. Ah, que orgulho senti de mim mesma! Já estava começando a sentir uma diferença no meu apartamento.

A vida em casa continuou normal depois da organização e, enquanto eu achava que começaria a usufruir desse novo momento organizado, pouco a pouco comecei a perceber que não estava durando. Algumas coisas até se mantiveram organizadas, outras nem tanto. Em pouco tempo, voltei a ver os brinquedos espalhados pela casa, minhas roupas outra vez se acumulando fora do guarda-roupa, e o auge da frustração foi quando abri a porta da minha despensa e vi aquela mistura de sacos de alimentos, itens repetidos abertos, potes vazios e uma pilha de itens vencidos. Percebi que o trabalho tinha sido todo perdido.

Não esperava por isso. Mesmo aplicando todas as técnicas que havia aprendido, eu estava vivendo um grande efeito rebote da bagunça na minha casa.

Efeito rebote e os novos hábitos

Ver minha casa voltando a ficar bagunçada foi extremamente frustrante.

O sonho da casa perfeita parecia estar indo de novo por água abaixo. E era pior do que antes, pois agora eu já havia estudado, já conhecia as técnicas, e ainda assim não conseguia compreender o que estava acontecendo.

Mas, pensando bem, eu percebia que alguns locais, apesar de bonitos, não estavam tão práticos. Talvez eu ainda estivesse priorizando a foto de revista e nem todas as soluções que havia aprendido fossem funcionais na minha casa.

A despensa, por exemplo, era um local muito pequeno e, da forma como organizei, não comportava uma compra mensal no supermercado. Quando chegou a primeira compra após a organização, eu me senti totalmente perdida na hora de guardar tudo.

Os brinquedos, apesar de terem endereços agora, continuavam sem voltar para o lugar, e, para piorar a situação, a cada dia novos brinquedos de sucata eram criados pelos meus filhos, além dos projetos e trabalhos que eles viviam trazendo da escola.

Meu marido e eu trazíamos diariamente novos papéis e contas para casa, e as montanhas de papéis ressurgiram rapidamente em nosso escritório.

Foi nesse período de decepção que me lembrei de uma grande lição que havia aprendido anos atrás e que caberia perfeitamente nessa nova situação.

A dieta e a reeducação alimentar

Eu sempre fui uma pessoa magra e com hábitos saudáveis de vida. Na casa dos meus pais, aprendi a me alimentar muito bem e carrego isso comigo até hoje.

Quando entrei na faculdade, consegui meu primeiro emprego em uma multinacional e passava o dia inteiro fora de casa. Almoçava no shopping center perto da empresa e jantava um lanche assim que chegava na faculdade.

O resultado foi que, sem perceber, comecei a descuidar da alimentação e, quando me dei conta, havia ganhado sete quilos. Eu não me incomodava muito com isso, mas comecei a notar que minhas roupas não estavam servindo e eu não me sentia com tanta energia e disposição como antes.

Nessa mesma época, perdi um grande amigo que faleceu de câncer e vivi um término de namoro, tudo ao mesmo tempo. Comecei a comer ainda mais e, nos seis meses seguintes, engordei mais sete quilos, totalizando catorze quilos a mais do que o meu peso normal.

Aquilo passou a me incomodar. O problema não era apenas o ganho de peso, mas também como eu não me sentia bem com aquela alimentação mais pesada. Além disso, eu não me reconhecia no espelho e nenhuma das minhas roupas me servia mais.

Toda essa situação começou a me deixar extremamente desconfortável e triste. Comecei a ir em busca de regimes que pudessem me ajudar a recuperar a forma.

Logo no começo, busquei essas dietas rápidas e extremamente restritivas. Eu percebia que ficava uma semana comendo pouquíssimo e perdia de três a cinco quilos. Parecia incrível, mas não era sustentável, muito menos saudável. Depois de duas ou três semanas, eu reganhava o peso perdido ou até mais. Percebia que estava vivendo constantemente esse "efeito sanfona", o que começou a abalar meu emocional e minha autoestima.

Eu já estava havia quase um ano tentando diferentes tipos de dietas quando uma amiga do trabalho me apresentou a "dieta dos pontos". Nela, você pode comer o que quiser, sem nenhuma restrição, mas tem um limite de calorias que pode ingerir a cada dia. Então, se você comer alimentos "mais saudáveis", que têm menos pontos, pode comer mais; já se for comer um doce ou algum alimento industrializado, que contam mais pontos, sobra menos para o restante das refeições.

Minha amiga já estava começando essa dieta, e eu e outra amiga decidimos embarcar junto com ela nessa "reeducação alimentar".

O fato é que fiz uma planilha em Excel para controlar os pontos conforme o que ingeria durante o dia e fui percebendo como estava me alimentando bem, não passava fome e estava recuperando a forma. Eu me sentia novamente bem-disposta e feliz.

(Anos depois, passei em consulta com uma nutricionista e descobri a importância de fazer um processo como esse com um acompanhamento profissional. Da mesma forma que a gente não aprende a organizar, muitas vezes também não entende que tipo de alimentação é melhor para nossa saúde.)

Todo esse processo me trouxe aprendizados que, anos depois, foram essenciais também na organização. Chegamos à lição seis:

6. Toda mudança requer tempo, treino e principalmente, para que seja duradoura, uma mudança de hábitos, mentalidade e estilo de vida.

Da mesma forma que não bastava fazer a dieta milagrosa por uma semana e depois voltar à alimentação "ruim", na organização também seria preciso passar por essa "reeducação". Não se tratava de simplesmente criar os endereços para as coisas e acabou. Seria preciso manter a ordem através de novos hábitos e um novo estilo de vida que precisaria ser implementado.

CAPÍTULO 5

O início da mudança: novos hábitos e estilo de vida

Sempre fui a pessoa que fazia resoluções de ano-novo, e por muitos anos, na minha lista de objetivos para o ano seguinte, constavam novos hábitos que eu gostaria de adquirir.

Em geral, as metas se repetiam ano a ano. Eu começava o ano motivada a implementar os novos hábitos, mas já nos primeiros meses a motivação desaparecia e a vida voltava ao normal. Na maioria das vezes, elas giravam acerca de: fazer exercício físico com frequência, meditar e reduzir a quantidade de doces que eu consumia.

A verdade é que eu odiava fazer musculação, tinha uma dificuldade enorme em meditar e sempre fui apaixonada por doces. Essas metas eram mais do que desafiadoras. Além disso, sempre muito exigente comigo mesma, eu não só determinava os hábitos a serem incluídos na rotina como também a frequência com que gostaria de fazê-los: todos os dias da semana.

Durante o processo de organização da minha casa, ficou claro que, para conseguir manter o que eu havia organizado, seria preciso incluir novos hábitos na rotina, e para isso seria necessário definir novas metas!

Lembro que, assim que me casei, minha sogra me deu um conselho:

— Nalini, três coisas que você faz todos os dias já farão toda a diferença na sua casa, especialmente quando você achar que tudo saiu do controle. Arrume a cama, lave a louça e tire os lixos. Isso já vai trazer uma sensação de bem-estar.

Além das três coisas que ela sugeriu, acrescentei: sempre devolver os pertences para o lugar e fazer listas de supermercado mais assertivas. Eu sentia que minhas compras ou faltavam, ou sobravam, e queria encontrar uma forma de melhorar a gestão do mercado.

Essa resolução foi por água abaixo, assim como aquelas dos anos anteriores. Era um mistério como as pessoas conseguiam incluir novos hábitos em sua vida. Para mim, parecia algo muito distante e desafiador.

Até que, um dia, eu caí e rompi o ligamento do joelho esquerdo. Sem conseguir andar direito e jogando toda a minha sobrecarga de peso na outra perna, acabei criando um cisto e agravando um problema de menisco que estava adormecido no joelho direito. Resultado: precisei operar os dois joelhos.

Saí da cirurgia sem conseguir andar. Perdi completamente a força na musculatura da perna e mal conseguia parar em pé. Foram seis meses de fisioterapia intensa e mais seis de fortalecimento muscular.

Esse processo, apesar de bastante difícil, me trouxe grandes aprendizados para a vida.

Eu sempre coloquei o hábito como uma meta, mas nunca entendi que ele não era o objetivo final, e sim a jornada.

Lição sete:

7. O hábito não é o destino, é o caminho.

Provavelmente você tem o hábito de escovar os dentes todos os dias, certo? Espero que sim! Isso não é uma meta, concorda? É a consequência de um objetivo maior, que é ter uma boa higiene bucal. Talvez hoje você nem pense a respeito, faz e pronto. Afinal, já virou parte da sua rotina.

Quando eu fiz a cirurgia nos dois joelhos, o médico me alertou:

— Daqui para a frente, será essencial que você fortaleça sua musculatura, para ter melhor qualidade de vida no futuro, assim como um envelhecimento saudável.

Percebi que "fazer exercício todo dia" não era uma meta, e sim um hábito/uma tarefa. A meta, o objetivo maior, era ter mais qualidade de vida, envelhecer de maneira saudável.

Antes de pensarmos nos hábitos a serem incluídos, precisamos fazer alguns questionamentos fundamentais para entendermos os nossos objetivos:

- Por que queremos incluir esse novo hábito?
- Por que você quer ter sua casa organizada?
- Qual o benefício que você espera colher com isso?

Ter essas respostas é o primeiro passo para que você consiga sustentar a criação de novos hábitos.

Um hábito nada mais é do que um comportamento que fazemos repetidamente. Com o tempo, acabamos incorporando os hábitos à nossa rotina e muitas vezes os fazemos inclusive sem pensar a respeito.

Nem todo hábito é bom. Existem muitos hábitos que podem não ser saudáveis, mas nos acostumamos com eles e passa a ser difícil nos desfazermos.

Assim como, para adotar bons hábitos, precisamos de um objetivo maior, para eliminar os hábitos ruins, também temos essa necessidade.

Voltando ao processo de fisioterapia, com o tempo eu passei da pessoa que sempre odiou musculação para aquela que sentia falta de fazer nos dias em que não precisava ou não podia ir.

Como isso aconteceu? Parecia um milagre eu querer fazer exercício! Percebi que, com o tempo e com os resultados que eu estava tendo, o exercício físico começou a ficar cada dia mais fácil e natural.

Como diria James Clear, autor do livro *Hábitos atômicos*: "Seus resultados são uma mensuração tardia de seus hábitos. Seu patrimônio líquido é uma mensuração tardia dos seus hábitos financeiros. Seu peso é uma mensuração tardia de seus hábitos alimentares. Seu conhecimento, de seus hábitos de aprendizado. Sua bagunça, de seus hábitos de limpeza. Você colhe o que planta e que cultiva".

O que nos leva à lição oito:

8. Os seus resultados são uma consequência dos seus hábitos.

O que ficou claro durante esse processo foi que, para incluir um novo hábito, além do objetivo maior, eu precisei de *comprometimento*. Muito comprometimento.

Precisei tornar o hábito de ir à academia uma tarefa com data e hora marcadas. Fizesse chuva ou sol, frio ou calor, com cólica ou sem cólica, antes ou depois do trabalho. Eu precisei abrir espaço para isso e não podia depender da minha motivação para ir. Independentemente da vontade, eu precisava estar lá.

Podemos fazer uma comparação com o trabalho: talvez existam dias em que você está mais motivado e outros menos, mas mesmo assim você trabalha. Porque você tem um compromisso assumido.

Para criar um novo hábito ou eliminar um hábito ruim, você não pode depender da sua força de vontade, pois ela é volátil, inconstante. Você precisa programar seu ambiente para atingir os objetivos que almeja.

Benjamim Hardy, autor do livro *Força de vontade não funciona*, nos diz: "Em vez de confiar somente em sua determinação e força internas, o verdadeiro compromisso está em construir vários sistemas externos de defesa em torno dos seus objetivos. Está em criar condições que tornem a realização de seus objetivos algo inevitável".

Lição nove:

9. Muitas vezes você não vai amar o processo, mas você precisa se apoiar nos resultados que ele gera para se manter focado.

Esses aprendizados foram essenciais para virar minha chave com a organização.

O primeiro passo foi definir que minha meta não era "arrumar a cama", e sim ter uma casa que me trouxesse bem-estar e paz.

A cama estar feita me ajudava com isso. Decidi marcar uma hora para a realização desse hábito: assim que eu acordo. Eu me levanto da cama, abro a janela, vou ao banheiro e em seguida concluo a realização da minha primeira tarefa do dia! Já saio do meu quarto com a cama feita e a sensação de dever cumprido.

Depois disso, a realização desse hábito ficou tão simples que, nesses três minutos em que arrumo a cama, sempre penso em como me sinto bem com meu quarto quando ela está feita! Incluí também mais dois novos hábitos: colocar o pijama que utilizei durante a noite embaixo do travesseiro e borrifar um spray de ambiente no meu quarto para deixá-lo com um cheiro gostoso. Sair do meu quarto após esse curto ritual matinal tornou-se, para mim, a definição de paz!

Já diria William H. McRaven: "Se você quer mudar a sua vida e talvez o mundo, comece arrumando a sua cama".

E foi assim que virei completamente a chave para a implementação de novos hábitos, tanto na organização da minha casa quanto para minha vida.

Eu estava definitivamente em um caminho de mudança. Já tinha compreendido a importância das técnicas de organização e a necessidade da introdução de novos hábitos.

Contudo, ainda havia algo que eu não tinha enxergado e que dificultava todo o meu processo. Uma peça do meu quebra-cabeças ainda estava faltando.

CAPÍTULO 6

A peça que faltava

No ensino médio, lá para meus dezesseis anos, comecei a ter fortes dores nas costas. Nunca tinha sentido nada parecido, e aparentemente era um problema na coluna que estava causando espasmos musculares. Fomos investigar.

Minha mãe marcou consulta com o ortopedista, que pediu exames para descobrir o que estava acontecendo.

Com o raio x em mãos, o diagnóstico se deu:

— Escoliose — disse o médico à minha mãe. — Por acaso sua filha anda carregando muito peso?

Minha mãe me olhou e não disse nada. Eu, ainda vestindo o uniforme da escola e com a mochila apoiada no colo, entreguei-a rapidamente ao médico para que pudesse segurar e me dissesse, a partir de sua própria percepção, o que achava do peso que eu carregava todos os dias.

Eu tinha uma mochila que, na época, era o grande "desejo" dos adolescentes e que, além de ser muito prática, me fazia sentir pertencente à turma. Era roxa, tinha o chaveiro de macaquinho que era o grande emblema da marca, e cabia tudo e mais um pouco do que eu quisesse levar para a escola! O espaço interno era realmente incrível.

Depois de um olhar de quem acabou de assistir a uma cena de filme de terror, o médico logo baixou os braços e apoiou a mochila de volta no meu colo.

— Isso não é possível. Você carrega esse chumbo nas costas todos os dias? Isso está muito errado. Aqui está a razão da sua dor nas costas.

O fato é que eu também a achava muito pesada. A mochila em si era superleve, mas os livros eram pesados e eu não podia deixar de levá-los diariamente para a escola. Como o seu espaço interno era grande, cabia meu estojo escolar triplo (tinha três divisórias internas. Eu sempre fui muito caprichosa e gostava de escrever usando diferentes tipos de lápis e canetas coloridas). Fora isso, eu precisava ser prevenida: vai que chove? Melhor deixar sempre um guarda-chuva ali. E se esfriar? Melhor deixar o casaco também! E se esquentar demais? Sempre bom ter uma camiseta reserva. Se você mora em uma cidade como São Paulo, vai entender exatamente o que estou falando: aqui podemos ter as quatro estações do ano em um mesmo dia!

Na saída da escola eu ia direto para o curso de inglês, então, dentro da mochila, sempre deixava meu nécessaire com escova de dente, pasta e algumas firulas a mais. Eu gostava de levar algumas amostras grátis de cremes e maquiagens que minha tia-avó me dava. Elas eram lindas, naquelas pequenas embalagens! Não ocupavam muito espaço, mas confesso que eram mais bonitas do que necessárias, já que eu mal sabia como usar. Mesmo assim, gostava de tê-las sempre comigo.

Fora isso, quase sempre eu tinha um tempo livre entre as atividades, então acabava levando mais algumas coisas para fazer no meio da agenda lotada. Eu tinha um caderno em que gostava de escrever, colocar fotos, adesivos, recortes de revistas. Também gostava muito de escrever poemas e tinha uma pasta onde colocava todas as minhas criações. Vira e mexe, eu a carregava na mochila. Geralmente acabava não usando, mas me sentia angustiada de não a ter comigo no caso de querer ou precisar.

Comecei a rever a importância de cada um dos objetos que se encontravam na minha mochila e, além de concluir que tudo era fundamental, me peguei orgulhosa de como eu conseguira encaixar tudo de forma primorosa: os livros ficavam por ordem de altura, começando pelo maior e os demais vinham descendo como uma escadinha. Quando eu levava a pasta dos poemas, ela ficava bem no fundo, fazendo o degrau de maior altura, antes mesmo dos livros. O guarda-chuva na lateral e o estojo vinham no final da escada de volumes. O nécessaire ficava por cima desse declive dos livros e os demais acessórios vinham encaixados nos espaços vazios, de forma que a organização de tudo aquilo era incrível e milimetricamente pensada.

— Nalini — a voz do médico me trouxe de volta à consulta. Continuou falando de forma dura e objetiva: —, troque de mochila. Essa é grande demais e você leva coisas desnecessárias. Arrume uma mochila menor, assim levará apenas o essencial.

Momentos de desespero se desenrolaram após essa fala. Mas como? Tudo é essencial!

Eu tenho que levar a agenda caso precise olhar as datas e também preciso do estojo completo. Vai que eu tiro o guarda-chuva e justo nesse dia começa a chover? E imagine se eu não levar o livro de História no dia que eu tenho mais tempo livre, poderia adiantar o trabalho dessa matéria!

— Não, doutor, trocar de mochila não é uma opção, eu preciso mesmo levar tudo.

Ele me olhou novamente. Dessa vez, respirou fundo com um suspiro silencioso e disse:

— Se você não sabe distinguir o que é essencial e precisa continuar levando esse chumbo, indico usar um carrinho de rodinhas, desses de metal, que você acopla à mochila. Assim, pelo menos, aliviará esse peso das costas, e tenho certeza de que a dor vai melhorar.

Além disso, ele também recomendou que eu fizesse algumas sessões de reeducação postural global, ou RPG, uma técnica de fisioterapia.

Toda essa conversa do ortopedista sobre o essencial não fez sentido algum naquele momento, e continuou sem fazer pelos próximos quinze anos.

A ficha do que ele quis dizer naquela época só caiu no auge dos meus aprendizados com a organização. Saber o que era *o essencial* era a peça do meu quebra-cabeça que estava faltando.

O essencial

Quinze anos depois dessa consulta, enquanto relutava com a organização da casa, ainda desejando um apartamento maior para morar, ganhei da minha vizinha o livro *Essencialismo: a disciplinada busca por menos* e, imediatamente, me lembrei das palavras daquele médico ao ler algumas frases:

"Foi preciso coragem para eliminar o que não era essencial."
"Não se trata de ter mais, se trata de ter as coisas certas."
"Quase tudo é ruído, pouquíssimas coisas são essenciais."
"Menos, porém melhor."

Essas ideias reverberavam na minha cabeça. Devorei o livro, e os aprendizados vieram ao encontro de tudo que eu estava experimentando na minha vida naquele momento.

Eu queria um apartamento maior, mais armários, mais espaço, mais informação, mais coisas para guardar, mais, mais, mais. E, de repente, entendi o que aquele médico preocupado com a minha coluna queria me dizer ao pedir para decidir o que tirar da minha mochila pesada. Não era só o peso nas costas que eu deveria diminuir, mas também encontrar o que era realmente importante, o que fazia sentido estar sempre comigo.

Definitivamente, eu precisava reduzir o peso que vinha carregando.

Não se tratava mais de mudar para um apartamento maior e conseguir guardar todos os meus pertences ou até comprar mais para preencher todo um novo espaço. Era o inverso, ou seja, encontrar a essência do que eu tinha e gostava. Daquilo que fazia sentido manter na minha vida. Era menos! Menos excesso, menos trabalho, menos problemas.

E assim compreendi a décima lição:

10. Antes de decidir como guardar, é preciso saber o que guardar.

Se nem tudo o que temos deve ser carregado nas nossas costas, então, como saber o que guardar? Como escolher o que é essencial? O que deve ser mantido? O que devemos carregar?

Que alegria essa descoberta! Saber escolher o que deveria ser guardado era a chave para o sucesso! Na teoria parecia incrível, mas como fazer isso na prática?

CAPÍTULO 7

O evento especial

O meu primeiro contato com Marie Kondo foi através do seu livro, *A mágica da arrumação*. Assim que cheguei em casa com um exemplar dele, iniciei a leitura do que viria a ser mais um grande divisor de águas na minha vida.

Um passeio que eu adoro fazer é conhecer livrarias. Adoro ler e sempre amo quando um livro "me chama". Naquele dia, andando por aquelas prateleiras cheias de histórias e aprendizados, minha atenção foi capturada pelo livro de capa verde.

A mágica da arrumação. Eu nunca tinha ouvido falar da autora, mas me atraí pela mensagem que vinha na capa: "A arte japonesa de colocar ordem na sua casa e na sua vida". Eu já tinha estudado algumas técnicas de organização, possuía vários livros em casa com milhares de fotos de como guardar as coisas nos armários e gavetas, mas aquele parecia diferente. Não tinha fotos nem regras do que fazer em cada cômodo. Na contracapa do livro, a chamada dizia: "Quantas vezes você já arrumou sua casa e, logo depois, viu todo o seu trabalho ir por água abaixo? Provavelmente muitas. Então, está na hora de conhecer o método KonMari[TM], um estilo de organização que transforma sua maneira de pensar e evita que a bagunça retorne".

Uma abordagem completamente diferente do que eu já tinha visto. *"É disso mesmo que preciso"*, pensei.

Marie Kondo, nascida no Japão, já vendeu milhões de cópias de seus livros ao redor do mundo. Criou sua metodologia própria, conhecida como método KonMari[TM], em que aborda a transformação da vida a partir da organização da casa. A proposta é ressignificar a relação com a casa através de um novo olhar para nossos pertences e nossas escolhas. Em 2019, Marie estrelou a série *Ordem na casa*, na Netflix, e revolucionou os programas de organização através da sua abordagem, além de popularizar imensamente o tema.

Já nas primeiras páginas do livro, os questionamentos e dúvidas surgiram em minha cabeça: *"Não sei, não... isso que ela está dizendo aqui sobre a organização... ah, isso só funciona no Japão"*.

"Tenho certeza de que ela não tem filhos".

"Será mesmo que daria certo?"

"Parece simples demais para ser verdade".

Com uma mistura de desconfiança e empolgação, acabei aquela leitura em poucos dias e fiquei em dúvida entre guardar o livro na prateleira ou dar uma chance à metodologia e testar na minha casa.

Marie Kondo propõe em seu livro que a organização deve ser um acontecimento especial, um grande evento na sua vida e na rotina da sua casa. Ela fala sobre a diferença entre aquela arrumação diária em que devolvemos os itens para o lugar depois de usá-los e a proposta de organização mais profunda, categoria a categoria, entendendo exatamente o que guardar e como armazenar.

Lembro que, no dia em que decidi levar adiante a ideia de testar o método na minha casa, pensei: *"Se é para testar, vou testar direito! Vamos fazer disso um evento especial"*.

Peguei uma folha de papel em branco e me fiz um convite. Escrevi para mim mesma: "Você está preparada para esse evento inesquecível?".

Coloquei uma data que seria o dia definido para o início do processo. Esse dia foi um sábado. No convite constavam a data do sábado e do domingo, já que eu havia pedido à minha mãe que ficasse com meus filhos no final de semana para que eu pudesse ter algumas horas livres para me dedicar a esse evento especial. Convidei meu marido para participar e, sabendo do meu esforço e desejo em testar o método em casa, logo topou em embarcar nessa comigo!

Naquele sábado, acordei muito animada para dar início a esse tão esperado momento! Tomamos café da manhã, vesti as crianças, preparei uma mochila para cada um: uma muda de roupa, algumas fraldas, naninhas, brinquedos e acessórios. Levei-as até a casa da minha mãe e me despedi! De volta à casa, me bateu aquele cansaço. Imagine que meus filhos eram dois bebês e praticamente nunca tinham dormido uma noite inteira. Eu estava exausta. Eu passava o dia inteiro com eles e praticamente não tinha nem cinco minutos para ficar sozinha e respirar com calma.

Naquele momento, titubeei. Olhei para o sofá e para a televisão e pensei: bem que eu podia aproveitar para não fazer nada hoje. Primeiro sábado sem as crianças em casa. Que emoção!

A vontade de me jogar no sofá e ficar vendo TV era enorme. Ao mesmo tempo, eu havia pedido essa ajuda para a minha mãe justamente para conseguir começar esse meu evento especial, e meu marido estava até animado para vivenciar essa experiência comigo. Eu sabia que, se conseguisse priorizar a organização, talvez depois pudesse colher o fruto de mais tempo e mais paz em casa.

Era o momento de fazer o que precisava ser feito, e não o que eu queria fazer.

Lição onze:

11. Saiba que em muitos momentos você terá que fazer o que precisa ser feito, mesmo quando não estiver a fim de fazer.

Encarei o sofá, respirei fundo, peguei na mão aquele convite e me joguei para dentro da primeira categoria: minhas roupas.

O guarda-roupas

Eu sempre fui bastante apegada às minhas coisas. No quesito roupas, tive fases muito diversas na minha vida. Troquei de estilo inúmeras vezes: mudei meu modo de me vestir em cada trabalho; meu corpo mudou algumas vezes; tive duas gestações e demorei muito para me entender com o meu estilo e com o meu jeito de me vestir.

Por tudo isso, acumulei centenas (ou milhares) de peças no guarda-roupa. Apesar do armário lotado, sempre tinha aquela sensação de que quando ia escolher uma roupa, não tinha nada para usar.

As roupas não me representavam. Muitas nem me serviam mais. A maioria não dizia respeito à pessoa que eu era.

Já no primeiro passo da organização, no momento do confronto inicial, me deparei com o primeiro choque do método: o excesso.

Lembrei-me da minha leitura sobre o essencial e de como queria reduzir, ter menos e manter o que eu realmente gostasse.

Comecei tirando minhas calças para a triagem, e uma montanha se formou em cima da minha cama. Conforme ia tirando as roupas do closet, elas se espalhavam por todo o meu quarto. Eram peças e mais peças de roupas. Em cima da cama, ao lado, no chão, na mesa de cabeceira. Uma infinidade de peças havia tomado conta do meu quarto.

O processo de triagem das roupas, diferentemente do que pensei que seria, foi rápido, gostoso, leve e indolor. Fiz da forma ensinada, olhando e escolhendo o que eu mais gostava e me identificava. Começava sempre por aquelas peças que me faziam bem.

Percebi que, antes de sermos sinceros com os outros, precisamos ser sinceros com nós mesmos, e a primeira lição daquele dia foi:

Eu mudei, e grande parte das coisas que estavam ali não me representava mais.

De nada adiantava eu ter 65 calças, sendo que eu usava sempre as mesmas duas de que eu mais gostava e que me caíam bem. Decidi manter quatro. Duas jeans, uma branca e uma preta.

E foi assim com todas as peças.

Pouco a pouco, as pilhas de roupas para a triagem foram diminuindo, enquanto os itens escolhidos para esse meu novo momento retornavam para o guarda-roupas.

A sala de casa foi o local em que deixei temporariamente os itens de que eu me despediria, que já tinham cumprido a sua função na minha vida.

Quando minha cama esvaziou e meu armário enfim me representava, a organização daquela categoria estava feita. Nunca na minha vida eu havia me sentido assim. Leve, animada, revigorada.

Meu marido estava fazendo o processo da mesma forma com as suas roupas, e o resultado era semelhante ao meu!

Saí alegre do quarto para enfim me atirar no sofá, quando me deparei com a sala com montanhas e montanhas de roupas, cabides, sapatos, bolsas, pijamas; todos os tipos de roupa que você pode imaginar. Certamente mais de mil peças se equilibravam entre montinhos e montões na volta inteira do sofá, chão, tapete e rack da TV. Os itens que eu e meu marido havíamos separado para doação agora ocupavam todo o espaço da minha sala.

Uma mistura de sentimentos me dominou, indo da culpa por termos acumulado tanto até a alegria por ingressarmos nessa jornada, passando pelo medo do arrependimento. Comecei a mandar fotos nos grupos da família e avisei: "Segunda-feira virá em casa um caminhão de uma instituição de caridade para levar as doações. Se alguém estiver precisando de alguma coisa, venha em casa até domingo à noite".

Você imagina o que aconteceu? Enquanto eu prosseguia para as categorias seguintes, familiares chegavam aos poucos para avaliar e garimpar novos itens dentro daquelas pilhas. Foi incrível a sensação de ver peças que ficaram paradas por anos e anos dentro dos armários agora dando brilho nos olhos de outras pessoas, que poderiam usar e aproveitar muito mais.

Depois desse, vieram muitos outros dias olhando e triando cada categoria da casa, repetindo todo esse processo. Após as roupas vieram os livros, depois os papéis, seguidos dos itens de escritório, fios e cabos, acessórios de cozinha e lavanderia, até que cheguei aos itens sentimentais.

As categorias tiveram efeito parecido: muitos itens para doar, escolhas mais assertivas sobre o que manter e sacos e mais sacos de coisas saindo da minha casa.

Ao final de alguns meses, minha casa estava irreconhecível, assim como eu.

Eu não estava acreditando que havia conseguido. Finalmente havia assumido as rédeas da minha casa!

Não foi fácil, muito menos rápido. Muitos questionamentos surgiram ao longo da jornada, e por diversos momentos pensei em desistir. O cansaço físico e o desânimo também se fizeram presentes. Mas me manter focada em todos os aprendizados e lições que eu estava experimentando durante o processo me ajudou a seguir em frente, sabendo que no final o esforço valeria a pena.

Foi muito mais do que uma jornada de organização. Foi um processo e tanto de autoconhecimento, de confrontamento com o passado, de revisão de rota para onde eu queria ir, um processo de aprender a escolher e, acima de tudo, de ser honesta comigo mesma.

CAPÍTULO 8

Escolhas

O processo de organização da minha casa trouxe à tona uma dificuldade que ficara adormecida por muitos anos dentro de mim: fazer escolhas. Ele escancarou que eu vivia tão no automático que tomava grande parte das minhas decisões de forma inconsciente, movida por impulsos, desejos, instintos, crenças, valores e pela intuição.

Eu sempre fui uma pessoa indecisa. Tomar decisões, em geral, me trazia um misto de ansiedade e angústia. Desde aquelas mais simples, como "que roupa devo usar hoje" ou "qual comida quero comer", até as grandes, como "mudar ou não de emprego", "ter ou não ter filhos".

Pela dificuldade em encarar as decisões, muitas vezes eu simplesmente postergava ou delegava para os outros. A insegurança, aliada à falta de autoconhecimento, tornou as tomadas de decisões um peso na minha vida.

Aos trancos e barrancos, porém, fui tomando decisão – mas, sem saber ou perceber, muitas delas no "modo automático".

Um dos pontos que achei mais interessante no momento de organizar foi justamente o processo de tomada de decisão, de aprender a escolher. Absolutamente toda a organização da sua casa está pautada nas escolhas.

Uma a uma, você vai olhando todas as suas peças de roupas, sapatos, cremes, toalhas, panelas, livros, cartas, fotos, entre outros itens, e vai decidindo o que quer manter e o que já pode "seguir viagem" para outro destino, seja através de venda, doação ou descarte.

É como se nós tivéssemos um "músculo" das escolhas e o processo de organização fosse fortalecendo essa musculatura.

Gosto muito de comparar esse processo de aprender a fazer escolhas com a prática da musculação. Se você chegar hoje na academia e tiver que carregar um peso de vinte quilos, provavelmente não vai conseguir e tem grandes chances de se machucar.

Agora, se você treinar com um peso de um quilo, depois de dois, depois três e for assim aumentando, gradativamente, até que esteja forte o suficiente para carregar o peso maior, quando você o fizer estará preparado, com sua musculatura fortalecida. Provavelmente, você não vai se machucar e nem sentir que foi tão difícil assim.

O que acontece no processo das escolhas é que, da mesma forma que precisamos fortalecer nossos músculos para aumentar o peso que carregamos, precisamos fortalecer o nosso poder de decisão para fazer escolhas mais assertivas e de uma forma mais leve.

Quando você organiza começando pelas escolhas mais fáceis e vai gradativamente aumentando até as mais difíceis, é como começar a ginástica pelo peso mais leve e seguir aumentando aos poucos. Conforme você vai treinando suas escolhas, consegue lidar com aquelas partes mais difíceis, como seus itens sentimentais.

Esse processo é lento e exige treino. A casa lhe dá essa oportunidade de praticar. Você vai errar, acertar, mudar de ideia. Vai aprender.

E assim chegamos às próximas duas lições:

12. A nossa casa é um reflexo de quem somos, além de uma alavanca para nos levar aos nossos objetivos.

13. O processo de organização da casa é muito maior do que colocar suas coisas no lugar: é um convite a você se conhecer.

Autoconhecimento
"Não vemos as coisas como são, vemos as coisas como somos."
Anaïs Nin

Autoconhecimento já me pareceu um termo de autoajuda ou algo exclusivo para quem fizesse terapia.

Me dava arrepios quando alguém falava: "Ah, mas para você decidir isso precisa se conhecer, saber o que quer".

O que eu quero? Parece tão simples responder pelos outros e tão difícil responder por nós mesmos.

Sempre procurei as respostas fora, no ambiente, nos outros, nas coisas, até que todo esse processo me mostrou a necessidade de olhar para dentro.

Tratava-se de entender o que *eu* queria, do que *eu* gostava e para onde *eu* queria ir. Tratava-se de conhecer meus valores, meus pontos fortes e desafios e, além de tudo, ter um maior controle sobre as minhas ações e emoções. Era estar presente, sentir, me conectar com a minha essência.

Todo esse processo me ajudou a sair do automático, a fazer escolhas, a me perceber, me conhecer.

Eu, que costumava deixar as escolhas à mercê do destino, agora havia entendido a importância de assumir as rédeas das decisões. Como diz Carl Jung, "até você se tornar consciente, o inconsciente vai dirigir a sua vida e você o chamará de destino".

Para se conhecer, é preciso se observar, se perceber, e, para exercer a autopercepção, é preciso estar presente no momento e praticar a auto-observação.

Engraçado como algo tão simples pode ser tão complexo e desafiador.

Comecei a perceber que, como fazia as coisas no automático, meu corpo sempre esteve presente, mas minha cabeça estava distante. Eu vivia remoendo ou voltando a momentos do passado, ou, ainda, planejando os passos do futuro.

A organização me possibilitou uma ruptura dessa divisão do tempo e espaço, e começou a me trazer a atenção ao momento presente. Cada processo de triagem e escolha das categorias me trazia ao meu "eu" do agora, buscando coerência e autenticidade com a minha essência e me direcionando para ser a pessoa que queria me tornar.

Todo esse processo de autoconhecimento e presença me trouxe mais uma grande lição que chamei de inquilinos da minha vida.

Inquilinos da nossa vida

Visualize que você está de mudança para a casa que deseja. Um lugar só seu, com tudo aquilo que você sempre imaginou. Faça um passeio mental. Caminhe pelos cômodos e perceba as sensações que essa casa lhe traz. Agora você entra no seu quarto, abre seu guarda-roupa e tem uma surpresa: ele está completamente cheio com as roupas do antigo inquilino dessa casa. Você, agora aflito, começa a abrir os demais armários da casa, e todos eles contêm os pertences dos antigos moradores. Na cozinha que você sempre desejou, as panelas, louças e travessas já ocupam todas as prateleiras nas quais você quer colocar seus próprios pertences. Na prateleira de livros, dezenas de obras que você não tem interesse em ler. No banheiro, cremes que não condizem com seu tipo de pele. Nada daquilo funciona para você.

A única regra dessa sua casa é que você não pode se desfazer das coisas dos antigos inquilinos.

Você então traz seus pertences e os aperta nos armários, no seu novo guarda-roupas, misturados a tantas outras coisas que não lhe dizem respeito.

Aquilo que já estava lá, de que você não gosta, que não te representa e que você não usa, começa a te atrapalhar. Dificulta a visualização das coisas que você realmente gosta e usa. Atrapalha o seu acesso. Cada vez que vai tirar alguma coisa, acaba por bagunçar o que já está lá. Aquilo que era para ser incrível começa a se tornar desgastante.

Esse cenário, um tanto quanto frustrante e angustiante, apesar de parecer um pouco extremo, muitas vezes é o resultado do que fazemos com a nossa casa.

Ao longo da nossa jornada, nós vamos mudando, nos transformando. O processo de amadurecimento e experiências que vivemos ao longo dos anos vai alterando os nossos gostos, objetivos, ideais e, por fim, a nossa forma de ver as coisas e de nos comunicarmos com o mundo. Mudamos nossa forma de nos vestir, de cortar o cabelo, o nosso estilo de leitura. Mudamos as amizades, o trabalho, as experiências.

É como se, ao longo da nossa vida, tivéssemos vários inquilinos que nos habitam. A nossa essência se mantém, mas muita coisa dentro de nós vai mudando.

Acontece que, nessas mudanças, grande parte das vezes carregamos conosco a vida daquele inquilino antigo.

Às vezes isso acontece pois estamos no modo automático e não paramos para avaliar nossas mudanças. Outras vezes, por apego, acabamos mantendo conosco coisas que não nos fazem mais sentido. Há também a projeção da necessidade para o futuro: e se um dia eu precisar?

Aí, um dia, você abre seu guarda-roupa e pensa: como eu tive coragem de usar isso? Você, hoje, com a sua cabeça atual, não tem mais coragem, mas aquele inquilino antigo, naquela época, sentia-se à vontade.

Quando compreendemos e aceitamos esse processo natural da nossa evolução e do nosso amadurecimento, fica mais fácil lidar com essas transições e abrir mão, desapegar tanto dos inquilinos antigos como das coisas que a eles pertenciam.

Chegamos agora à lição catorze:

14. Mantenha na sua vida aquilo que faz sentido para a pessoa que você é hoje.

CAPÍTULO 9

O jogo da virada

Alguns anos atrás, estava palestrando em uma cidade no interior de São Paulo quando, no final do evento, uma participante me abordou.

— Nalini, eu me identifiquei muito com a sua história, tenho filhos com a mesma idade dos seus e sempre tive muita dificuldade com a bagunça, mesmo gostando muito de organizar. Qual foi o seu grande momento da virada? O que você acha que aconteceu para realmente conseguir organizar?

Acho que foi uma das perguntas mais difíceis a que já respondi, e, na hora, tantas coisas vieram à minha cabeça que foi difícil organizar meu pensamento para respondê-la.

Essa pergunta me levou a acontecimentos marcantes que tive na vida e que foram importantes para grandes mudanças que se sucederam.

A perda do meu tio, que era muito ligado a mim e partiu muito jovem, foi um desses momentos que me fizeram revisitar minha vida inteira. Um grande amigo que perdi também me fez questionar inúmeras decisões. Perdas e doenças nos relembram da fragilidade da vida e nos fazem encarar uma realidade que muitas vezes não queremos enxergar.

Mas, naquela pergunta, eu buscava um fato, um momento específico que não conseguia determinar.

— Foi uma sequência de fatores — respondi a ela. — Eu já sentia essa necessidade em aprender a organizar desde que me casei. Acredito que o nascimento dos meus filhos fez com que o que já me incomodava na minha casa ficasse insustentável. Foi o impulso inicial que me fez buscar ajuda.

Fui embora para casa com essa pergunta na cabeça, buscando encontrar o que eu havia feito para conseguir organizar.

A resposta veio algum tempo depois, e eu entendi que, para conseguir me organizar, eu precisei mudar.

Assumindo a responsabilidade

Mudar não é fácil nem gostoso. A zona de conforto não tem esse nome à toa. Ela é extremamente confortável.

Depois de toda a minha jornada com a bagunça, de entender as ferramentas e a necessidade de organizar, um ponto foi essencial para que esse processo se tornasse real: assumir a responsabilidade.

Aprendi desde cedo a culpar o mundo pelas minhas falhas. Não acho que foi algo consciente ou premeditado, mas o fato é que, sempre que algo não dava certo, a culpa era do acontecimento.

Não entrei no time de vôlei da escola → as meninas eram melhores e treinavam mais do que eu.

Fui mal naquela prova → estava mais difícil do que o habitual.

Não entrei na faculdade que queria → eram poucas vagas.

Não estou ganhando o que mereço → é que a empresa onde trabalho paga mal.

Minha casa é uma bagunça → é que meus armários são pequenos, tenho pouco espaço, e meu marido não me ajuda.

Percebe? Eu me tornava "vítima" dos acontecimentos. Nesse papel, existiam vantagens. Era mais confortável para lidar com a frustração, já que a culpa não era minha e as falhas dependiam do contexto externo. A parte chata é que, nesses casos, eu não podia mudar as circunstâncias. Não consigo fazer as meninas do time de vôlei treinarem menos ou jogarem pior, pedir para o professor fazer uma prova mais fácil e muito menos aumentar o número de vagas da faculdade.

Com o tempo, comecei a perceber que ficar me martirizando me tornou refém das situações, já que nunca estava nas minhas mãos fazer as mudanças necessárias. Eu percebia que vivia reclamando, mas não sabia como poderia sair desse círculo vicioso.

O ponto de virada foi quando cheguei aos trinta anos. Foi um daqueles momentos desafiadores da vida, mas que, apesar de difícil, me fez resgatar a protagonista que ainda existia em mim.

Eu cuidava de dois bebês, da casa, vivia uma transição de carreira e estava com um problema no coração. Já tinha feito uma pequena cirurgia cardíaca alguns anos antes para resolver disparos frequentes que eu tinha no coração, mas, durante as gestações, o problema voltou, e naquele momento eu havia recebido a notícia de que teria que realizar uma nova cirurgia. Fora isso, a pessoa com quem eu podia contar para me ajudar também enfrentou alguns problemas de saúde e precisou se afastar. Eu me senti frágil, desamparada e de mãos atadas perante aquela situação. Percebi que, se eu não fizesse nada para mudar, ninguém mais o faria.

Nessa época, da hora em que eu acordava até o momento em que ia dormir, eu reclamava. Passava o dia me martirizando pelas minhas escolhas e pela situação que estava vivendo. Nem eu me aguentava mais. Não queria mais esse papel, mas eu não tinha ideia de como mudar esse padrão tão presente na minha vida. Como deixar a zona de conforto e entender qual era minha responsabilidade em toda aquela situação? Como interromper esse ciclo de reclamação e encontrar soluções para agir?

Desabafando com uma amiga, comentei sobre os meus desafios e a dificuldade que eu sentia em lidar com tudo aquilo.

— Eu quero mudar, mas não consigo — contei a ela. — Não sei por onde começar. Eu me sinto travada, com a sensação de que existe uma corda amarrada nos meus pés que não me deixa seguir. Eu preciso assumir as rédeas da minha vida, parar de reclamar, me colocar em ação, mas eu travo e fico procrastinando alguma mudança.

— Você precisa de um coach — foi o que ela me disse enquanto buscava o telefone do seu próprio coach no celular.

Eu não tinha nenhuma experiência com coaching e não sabia do que se tratava aquilo. Tinha inclusive um pouco de preconceito por causa desses vídeos motivacionais e fórmulas prontas para fazer as coisas mudarem.

Ainda assim, decidi dar uma chance e marquei uma sessão-teste, que me ajudaria a decidir se seguiria no processo.

Confesso que naquele momento resolvi fazer porque minha amiga enfatizou demais que eu deveria, mas eu não sabia ainda se era realmente daquilo que eu precisava.

Para além das doze sessões que fizemos durante quatro meses, meu coach marcou um divisor de águas na minha vida. Foi um processo profundo de aprendizados, resgate da minha essência, dos meus valores e dos meus sonhos.

Hoje posso afirmar com toda a segurança: sim. Era exatamente daquilo que eu precisava.

Elástico e neurociência

Já na nossa segunda sessão, o coach me disse:

— De lição de casa, preciso que você traga um elástico, simples, desses de cabelo.

Estranhei seu pedido, mas ainda assim o fiz.

— Coloque o elástico no seu punho. Está te machucando?

— Não — respondi.

— Ótimo. Agora puxe e solte.

— Ai! — Senti aquele "peteleco" no punho.

— Excelente! — ele disse. — A partir de agora, toda vez que você reclamar, vai puxar o elástico para começar a tornar consciente esse seu hábito. Precisamos começar a trocar suas reclamações por soluções.

— Quê?

No início, não gostei da proposta do exercício. Percebi que reclamava demais e, a cada cinco minutos, lá estava eu "estilingando" meu punho para relembrar-me disso. Após algumas semanas, comecei a perceber que já estava me policiando. Quando vinha a reclamação, já vinha junto um: *"Opa, ela está vindo, deixa eu lidar com ela antes que chegue aqui"*.

Comecei então a interceptar as minhas queixas e reclamações antes que fossem verbalizadas.

Pensei naquela manhã: "*Por que meus filhos acordam tão cedo... estou cansada, não aguento mais acordar tão cedo...*". O elástico me lembrou: "*Eles acordam cedo porque dormem cedo. Eles são crianças ativas que amam brincar e amam viver. Talvez fosse melhor você tentar dormir mais cedo amanhã, já que já sabe que eles acordarão às cinco, cheios de energia*".

Este foi o passo 2: tomar consciência do motivo da reclamação e buscar a solução mais adequada em vez de apenas me lamentar.

Espero que você não esteja me imaginando como algum Buda ou uma pessoa superevoluída, porque não sou. Continuo reclamando e vira e mexe caio nas minhas próprias armadilhas.

Mas, com o tempo, muito treino, paciência e persistência, sinto que agora sou uma pessoa mais consciente. Hoje, quando reclamo, eu me observo. Procuro entender melhor a procedência das minhas reclamações e identificar qual o alcance que tenho para ajustar os pontos.

E isso fez com que, de certa forma, eu conseguisse me conectar melhor com um novo estilo de vida. Me fez agir e reagir de forma mais consciente e presente perante as diversas situações impostas pela vida.

Pouco tempo depois, ainda nesse processo de mudança, conheci um conceito em um podcast que eu e meu marido costumávamos ouvir. O apresentador, Donald Miller, escritor e CEO de uma grande empresa, autor do livro *Building a Story Brand*, abordou o tema: lócus de controle interno *versus* lócus de controle externo.

O lócus interno refere-se a quando você está no controle da situação, quando assume a responsabilidade ou a "culpa" por todos os seus atos e consegue agir para mudar de acordo com os seus objetivos. Já no lócus externo, o controle não está nas suas mãos, e por isso você depende da sorte ou do destino para alcançar aquilo que deseja. Quando as coisas não vão bem, a responsabilidade é sempre dos outros.

De forma bem simplista, para trazer o papel de protagonista para minha vida, precisaria abraçar o lócus de controle interno: assumir a culpa e a responsabilidade pelos acontecimentos e decisões e, assim, ter um maior controle da situação.

Isso foi feito através de um exercício citado no podcast: *"How is this my fault?"* ou "Como isso é minha culpa?".

Como isso é minha culpa?

Era uma nova abordagem para mim, um protagonismo ainda estranho e diferente de compreender e lidar. Ser protagonista da sua história parece lindo, mas é incrivelmente difícil e dolorido. Escancara as nossas feridas e os nossos erros e nos tira completamente da nossa zona de conforto.

E quem disse que mudar seria fácil? Mas eu sabia que valeria a pena.

Foi assim que eu e meu marido passamos muitos jantares analisando tudo o que, na nossa vida, não estava saindo como gostaríamos. Nós nos sentávamos para comer, contávamos a situação que não estava ocorrendo como planejávamos e discutíamos: Como isso é nossa culpa? Qual o nosso papel nessa situação?

Somente quando eu aprendi a olhar e analisar meus erros e a encarar os meus problemas é que consegui mudar meu jeito de pensar; e isso teve um impacto muito positivo na minha vida.

Não foi e ainda não é fácil. O desenvolvimento pessoal é uma jornada de construção contínua que não tem fim.

Todo esse processo de arrumar a casa e assumir a responsabilidade sobre as minhas escolhas e ações deu início a uma nova fase da minha vida: além da transformação pessoal, abriu um novo caminho profissional. Tracei novos planos e almejei novos sonhos para a minha carreira. Foi a partir dessa experiência que tomei a decisão de não voltar a trabalhar no mercado corporativo e abrir a minha própria empresa de organização de residências: a Organizar Transforma®.

Meu objetivo agora era levar todos os meus aprendizados para outras pessoas que estivessem vivendo o incômodo de uma casa bagunçada. Era mostrar que havia uma forma de ter uma casa com vida, com bagunça, e que ao mesmo tempo pudesse ser arrumada, prática, leve e feliz!

PARTE 2

MUITO ALÉM DA CASA

CAPÍTULO 10

Certificação

Sentada na cadeira da sala de embarque do aeroporto de Guarulhos, em São Paulo, comecei a sentir um misto de emoções. As pernas tremiam, a mão suava frio. Eu já não sabia se estava chorando de alegria, de saudade dos meus filhos ou de medo por ser a primeira viagem para o exterior sozinha.

Entrei no avião, o coração a mil, a cabeça pensando que eu precisava ficar bem.

Eu me sentia feliz e animada, mas também com medo e assustada.

O destino da viagem era Nova York. Seriam três dias de seminário para iniciar meu processo de certificação para tornar-me uma consultora da Marie Kondo no Brasil.

Minha empresa de organização completava seu primeiro ano, e agora, apesar das dificuldades que vinha enfrentando, eu sentia que finalmente havia encontrado um caminho para conseguir posicioná-la de acordo com os valores que eu tinha e em que acreditava.

Conhecer a Marie Kondo era um sonho e minha esperança: esperança de trabalhar da forma que eu realmente acreditava que poderia ajudar as pessoas.

Era um momento de incerteza. A empresa ainda não tinha engatado. Eu tinha poucos clientes e uma dificuldade enorme em falar sobre o meu trabalho. Não conseguia cobrar corretamente e morria de vergonha de me vender. Eu adorava o que fazia, mas estava enfrentando diversos desafios.

Eu mal tinha começado a empreender e estava quase desistindo, me sentia sozinha e remando contra a maré.

Ponto de partida

Quando dei início à minha jornada de organização para conseguir conter a bagunça na minha casa, eu não tinha ideia de que viraria meu trabalho.

Durante o processo, quando comecei a encontrar as respostas para a minha bagunça, senti muita vontade de compartilhar os aprendizados e documentar minha jornada nas redes sociais. Eu estava completamente apaixonada pelo assunto e vibrava com cada conquista.

Finalmente estava na direção de obter a casa do jeito que eu sempre tinha sonhado, fácil e prática, sem precisar ficar perdendo tempo para reorganizar. Tinha virado um hobby, e eu passava muito tempo estudando, aplicando e compartilhando.

Certo dia, no jantar, estávamos conversando, eu e meu marido, quando eu disse que estava começando a pensar em trabalhar com isso. Eu queria ajudar mais gente. Queria contar para todo mundo que era possível ter uma casa mais leve, em paz, com uma organização que funcionava. Que, mesmo que você não tivesse os armários de que gostaria, um espaço enorme, muito tempo para se dedicar, ainda assim era possível. Eu queria dizer às mães que era possível fazer a casa funcionar, mesmo com filhos. Queria dizer aos filhos que era possível organizar sem ser algo chato. Queria dizer às pessoas mais apegadas que era possível desapegar sem sofrimento. Queria ajudar qualquer um que estivesse incomodado com a bagunça em casa e dizer que tinha solução, que eu havia encontrado o caminho.

Eu já tinha feito todos os cursos possíveis e já tinha conseguido organizar a minha casa. Mas será que todo esse conhecimento que eu tinha agora só teria dado certo comigo ou poderia ajudar outras pessoas?

Meu marido então me deu uma ideia: por que não testar na casa das minhas amigas? Assim eu saberia se funcionaria com os outros e também se era algo com que poderia trabalhar.

Na mesma hora, peguei meu celular e mandei uma mensagem em um grupo de mães e amigas: "Meninas, descobri uma forma de organizar a casa que funcionou muito bem! Se alguma de vocês estiver incomodada com a bagunça, me avise que posso ir à casa de vocês ensinar".

Em menos de um minuto, duas já haviam mandado na resposta um grande: "SIM, preciso da sua ajuda, minha casa está um caos".

Essa foi a forma que encontrei de testar para ver se aquilo que eu estava fazendo só funcionava na minha casa ou se poderia funcionar na casa dos outros também.

Foi um grande sucesso!

Primeiro porque consegui ajudá-las e pude transmitir o meu conhecimento, vendo os resultados que conseguimos ao aplicar tudo o que eu havia aprendido.

Elas amaram as transformações e me contam até hoje como esse processo foi importante para a casa delas.

Segundo, porque eu pude me testar, sentir que amava mesmo fazer aquilo. Percebi que, nessa troca, eu poderia ensinar muito e, além disso, aprender muito com cada pessoa também.

Terceiro, porque elas ainda foram a propaganda de que eu precisava para divulgar para outras pessoas o que estava começando a fazer.

Certa manhã, estava levando meus filhos para a escola, andando pelo corredor em direção às salas de aula, quando uma mãe da escola me parou e perguntou:

— Você que é a Nalini, que organizou a casa da Fernanda?

— Sim, sou eu mesma. — Coloquei logo um sorriso orgulhoso no rosto e fiquei na expectativa para ver o que vinha após essa confirmação.

— Estive na casa dela, e ela me mostrou um pouco do que fizeram lá e como ela está feliz. Fiquei encantada com o seu trabalho. Quero que você venha à minha casa também. Você me manda o seu orçamento?

ORÇAMENTO?

"Ferrou", pensei na hora, *"quanto será que se cobra para fazer isso?"*

— Claro! — respondi a ela. — Você prefere que eu te mande por e-mail ou WhatsApp?

— WhatsApp está ótimo — disse, já me passando seu número e saindo a seguir.

Deixei meu filho com a professora, entrei no carro, fechei a porta, liguei a música no volume máximo e voltei cantando e gritando, um misto de felicidade e nervoso.

Foi assim que comecei oficialmente a atender às minhas clientes.

Desafios

Como nem tudo na vida são flores, o início da minha empresa não foi nada fácil.

A verdade é que eu idealizei um pouco o que era ser dona do próprio negócio, e a realidade era bem diferente.

Trajetória profissional

Eu me formei em propaganda e marketing e fiz pós-graduação em administração de empresas. Já na faculdade consegui meu primeiro estágio e a partir daí trabalhei como funcionária em diversas empresas por mais de dez anos, crescendo na minha carreira de forma sólida e estruturada.

O meu primeiro trabalho foi em uma grande multinacional, onde fiquei por quase quatro anos e obtive uma bagagem imensa sobre marketing e o mundo corporativo. De lá saí para uma startup de e-commerce, com a oportunidade de coordenar todos os processos de uma empresa que nasceu do zero. Tive uma passagem rápida por uma agência de publicidade e, até o momento em que minha filha nasceu, trabalhei como gerente de marketing em uma grande empresa de produtos de decoração e utilidade doméstica (UD).

Durante os anos em que trabalhei no mundo empresarial, tive rotinas estruturadas e horários fixos para trabalhar. Estive cercada de pessoas e grandes equipes, podendo liderar times e executar projetos que me trouxeram muita realização profissional.

Eu amava o que fazia e me dedicava de corpo e alma a cada empresa e projeto com que trabalhava.

Quando a Marina nasceu, me vi em uma encruzilhada: voltar para a empresa ao final da licença-maternidade ou pedir demissão e passar mais tempo em casa para aproveitar o primeiro ano de vida da minha filha?

Optei por sair e vivenciar integralmente a maternidade. Logo depois engravidei do Benny, e isso adiou meus planos de retorno ao mundo corporativo.

Nesse período tive a oportunidade de prestar serviço como autônoma para algumas empresas, ainda dentro da minha área de marketing, e comecei a vislumbrar a possibilidade de estruturar meu próprio negócio, para assim ter horários mais flexíveis.

Foi nesse ínterim entre cuidar de dois bebês, da casa, mergulhar profundamente na minha jornada de organização e assumir o desejo de ter o meu próprio negócio que decidi fazer a transição de carreira para trabalhar como *personal organizer*.

O Benny estava próximo de completar um ano, e minha casa, finalmente organizada!

Parecia um sonho poder conciliar a maternidade, empreender e fazer algo de que eu tanto gostava: organizar a casa. Mas na prática, não foi bem assim.

Empreender

Eu estava habituada a trabalhar como funcionária em empresas, com outras pessoas. Agora trabalhava sozinha e me sentia perdida, com muita sobrecarga de tarefas e precisando fazer inúmeros tipos de atividades que eu nem imaginava que existiam.

Tive que enfrentar meus maiores medos e entender que, para minha empresa crescer, eu precisaria trabalhar em mim mesma. Abandonar crenças, padrões e me desenvolver, acima de tudo, como pessoa.

O primeiro desafio foi lidar com o medo de me expor e de vender (eu me sentia a pior vendedora do mundo, morria de vergonha de falar meu preço e me sentia mal em negociar minha hora).

A falta de rotina e a possibilidade de horários flexíveis se mostraram mais desafiadoras do que eu poderia imaginar. Não ter uma agenda estruturada me fazia sentir completamente perdida nas tarefas e sem domínio dos meus horários.

Sempre fui muito exigente comigo e me cobrava para não cometer erros. Assim que comecei a empreender, precisei entender que errar era tão importante quanto acertar. Durante o processo de construção de uma empresa, cometemos muitos erros, que são importantíssimos para irmos corrigindo e ajustando os processos, produtos e direções.

Por fim, logo no começo dos meus atendimentos, percebi que estava indo na direção contrária da nova profissão que eu havia escolhido.

CAPÍTULO 11

O caminho

O método da Marie Kondo foi um dos pontos fundamentais na transformação da organização na minha casa. Quando decidi trabalhar como *personal organizer*, meu objetivo era atuar com esse formato de atendimento e abordagem.

O que ela propunha, apesar de simples, era profundo:

1. Comprometa-se com o seu processo de organização.
2. Visualize seu estilo de vida ideal.
3. Organize por categoria e siga a ordem correta.
4. Foque naquilo que você mantém.
5. Descarte com gratidão.
6. Dê a todos os objetos um lar.

Eu levava essa consciência para meus clientes, mas sentia falta de entender mais profundamente como poderia ser feito o atendimento através do método. Qual era o formato de trabalho? Quais os passos para conduzir o cliente em sua jornada de organização?

Até aquele momento, ainda não existiam as séries da Marie Kondo na Netflix, e meu contato com ela tinha sido apenas através dos seus livros e da experiência aplicando os conceitos na minha casa.

Quando eu fazia referência a ela, poucas pessoas sabiam de quem se tratava.

Eu já estava certificada como *personal organizer*, em um formato de atendimento diferente do que eu estava fazendo.

Aqui aprendíamos a atender sem a presença do cliente. Fora isso, era costume fazer a precificação do serviço por projeto e cobrar um valor estimado, considerando o número de dias que seriam necessários para fazer o trabalho.

Já eu requisitava a presença do cliente durante o atendimento e cobrava por sessão, que girava em torno de cinco horas. Eu também seguia o formato de organização por categorias, na ordem sugerida pelo método KonMari™.

A minha premissa quando o cliente me contratava era a de que ele deveria participar das sessões, o que era totalmente diferente da atuação mais comum desse profissional aqui no Brasil. Por isso eu precisava explicar a minha forma de trabalho, o que gerava muita confusão quando dizia às pessoas o que eu me propunha a fazer.

O que estava claro para mim era que, muito além da organização dos armários, eu queria ajudar as pessoas a mudar de atitude e comportamento. Queria compartilhar os aprendizados e os valores que a organização havia trazido à minha vida.

Mas, a cada dez pessoas que me procuravam, eu conseguia fechar apenas com uma.

Pouco antes de completar o primeiro ano da empresa, frustrada com os resultados e buscando maneiras de encontrar meu espaço profissional, descobri, em uma pesquisa na internet, que a Marie Kondo estava formando profissionais ao redor do mundo para trabalhar com a sua metodologia.

Eu precisava fazer essa certificação. Era a minha chance de mudar o rumo da minha empresa.

Nova York

No primeiro dia do seminário em Nova York, eu estava sentada na primeira mesa, próximo ao palco.

No momento em que Marie entrou na sala, houve um silêncio avassalador. Pequena, mas dona de uma presença enorme. Meu coração acelerou. Meu olhar ficou vidrado naquele púlpito onde ela parou, nos olhou e silenciou. Poucos minutos que pareciam uma eternidade.

O seminário foi a primeira fase da minha certificação, durante o qual fiquei imersa em uma experiência transformadora. Foi um divisor de águas na minha carreira.

Percebi que eu não estava só. Conheci mulheres do mundo inteiro, com outras culturas, idiomas, mas com um ideal em comum: transformar a vida das pessoas através da organização!

Naquele momento, entendi que era possível seguir no caminho que eu havia escolhido. Lá percebi que não estava remando contra a maré, só havia escolhido um rio diferente para navegar, que me levaria para outros lugares.

Talvez fossem lugares ainda menos explorados, e, por isso, esse rio ainda estava mais difícil de navegar. Entendi que teria que fazer mais força, mas tinha espaço para fazer o que eu acreditava, eu só precisaria ser persistente e não parar de remar.

O processo de certificação levou em torno de oito meses.

De volta ao Brasil, precisei realizar cinquenta horas de atendimentos presenciais, documentados e analisados pela equipe da Marie Kondo, para finalmente poder prestar uma prova final e obter minha certificação.

Eu, que já estava atendendo meus clientes, agora me sentia mais segura e mais bem preparada para levar minha experiência e meu conhecimento para mais e mais pessoas!

De cliente em cliente, fui começando a preencher minha agenda.

CAPÍTULO 12

O armário de brinquedos

Poucas semanas após minha certificação final, recebi uma mensagem de uma amiga me contando que estava acompanhando meu trabalho nas redes sociais, e que estava com um problema no quarto do seu filho de oito anos.

Na mensagem, ela me contava que já havia chamado uma profissional de organização que havia arrumado todos os brinquedos do seu filho. Estava tudo devidamente etiquetado, separado em categorias, dentro de caixas e cestos, mas ainda assim ela estava incomodada e a organização não estava funcionando.

Eu me desesperei. Pensei: *"Ela quer que eu vá ajudá-la, mas já contratou uma profissional muito mais experiente do que eu? Como eu vou conseguir resolver o problema dela, que eu nem sei exatamente qual é?"*. Era um grande desafio. Fiquei sem dormir na noite anterior.

Chegando à casa dela, logo fui conhecer o ambiente que a incomodava: o quarto do filho, Bernardo. Muitos armários, roupas em um lado, brinquedos em outra parte e mais um monte de prateleiras e cestos espalhados pelo quarto para armazenar tudo o que não cabia nos armários.

No quarto do Bernardo, olhando para cada um dos espaços, perguntei:

— Vanessa, consegue me dizer o que você sente que não está funcionando?

Ela acenou negativamente com a cabeça.

— Nalini, eu realmente não sei te dizer. O Bê é bastante cuidadoso com as coisas, quase sempre devolve para o lugar o brinquedo que usou, mas acho difícil encontrarmos rapidamente o que ele quer. Parece que não está prático, sabe?

O problema ainda estava inconclusivo para mim, o que aumentava a minha ansiedade e o meu desespero. Sentia minhas mãos suando frio, já pensando em como eu sairia daquela.

Aprendi com a Marie Kondo que, antes de começar a sessão, devia sempre fazer uma visualização do objetivo e da vida ideal. Para deixar com a minha cara, introduzi nesse momento uma meditação, um momento de presença para me conectar com minhas clientes e para que elas também possam se conectar consigo mesmas e com a casa.

Essa meditação sempre foi essencial para as clientes e, principalmente, para mim. Nesse momento, eu também me conecto e me acalmo.

Pedi a ela que escolhesse um espaço da casa em que se sentisse bem. Fomos para a sala, sentamo-nos no sofá em frente à televisão, uma ao lado da outra, liguei a música com a qual eu gosto de acompanhar a meditação e ficamos em silêncio.

Durante os minutos que se seguiram, fui fazendo perguntas e senti que algumas lágrimas começaram a rolar pelo rosto dela.

— Vanessa, como você se sente hoje aqui na sua casa? Pense agora em como você gostaria de se sentir. Quais sensações você gostaria de experimentar? Quais sentimentos? O que traz essa sensação?

Esse é o momento de deixar de lado toda a sua visão externa, a comparação, os desejos superficiais e se conectar com seu eu mais profundo, com seus desejos, valores, ideais e objetivos.

Estamos a todo tempo olhando para fora e perseguindo coisas que nem sabemos se verdadeiramente queremos. A facilidade que temos de acompanhar a vida alheia interfere em nossas escolhas, vontades e decisões.

Esse é o momento de pausar. De ajustar o olhar; conectar-se com sua essência e visualizar: reconhecer o que de fato você deseja.

Como diria Carl Young: "Quem olha para fora sonha, quem olha para dentro desperta".

É nesse acordar que se inicia a jornada de organização.

No final da meditação, perguntei como ela se sentiu e o que visualizou.

Ela, ainda sem saber muito bem o que sentia, me disse que visualizou o filho brincando, em um espaço bem gostoso e aconchegante, onde tudo fosse mais prático, ainda que o ambiente continuasse pequeno.

Respiramos fundo, prontos para iniciar o trabalho.

A transformação

Sempre que começo a organizar uma categoria, o primeiro passo é tirá-la do seu local de armazenamento, esvaziar por completo, para que assim todo o processo possa ser feito.

No caso dos brinquedos, chamamos o Bernardo, responsável por eles, e começamos a retirar tudo do armário. Todos os Legos, jogos, bolas, pistas, materiais de pintura, entre muitos outros.

Depois de esvaziar o local, foi a hora do "recomeço". O momento de fazer a triagem para descobrir o que deveria voltar ao lugar e o que não fazia mais sentido manter.

Comecei a perceber que, assim como eu fazia errado, a Vanessa e o Bernardo também faziam.

Quando começa a triar, grande parte das pessoas foca a atenção naquilo que precisa sair, que não serve mais, que não está em uso ou em bom estado. Acontece que, quando fazemos dessa forma, todo o foco da nossa triagem está pautado naquilo em que estamos nos desfazendo. Isso faz com que seja um processo em que tiramos algo nosso, e vamos sentindo um vazio, uma perda. Para quem é mais apegado (como eu mesma já fui), pode ser um processo muito difícil e doloroso.

O maior aprendizado nesse momento é inverter esse olhar e pautar todo o processo de escolhas no que queremos *manter,* e não naquilo de que precisamos nos *desfazer.* Quando escolhemos aquilo de que gostamos e que usamos, vamos nos preenchendo, e não esvaziando.

Lembra que fizemos uma visualização dos nossos objetivos e da nossa vida ideal?

Agora, durante a triagem, vamos fazer as escolhas pegando os itens que nos aproximam da nossa vida que queremos, de que gostamos, que amamos, que representa a pessoa que somos hoje, não quem fomos anos atrás e nem quem seremos anos à frente.

Todo esse processo de escolher o que manter e o que faz sentido na nossa vida nos preenche. Quando fazemos a escolha dessa forma, fica muito mais evidente aquilo que não usamos mais ou não faz mais sentido manter. Você não precisa eliminar, só não vai devolvê-lo para sua vida. Ele já pode seguir "viagem", para outra pessoa.

Esse processo é lindo e cheio de aprendizados sobre quem somos, o que gostamos, para onde queremos ir. É muito diferente daquele processo de desapegar e ter que simplesmente reduzir a quantidade de coisas que se tem.

Durante esse processo de escolhas, o Bernardo, dono dos brinquedos, foi pegando todos aqueles com que ele amava brincar e que passava horas montando e cuidando. Enquanto esses brinquedos eram selecionados para serem devolvidos, ficou evidente que mais da metade já não estava sendo utilizada.

Eram brinquedos para crianças menores, de quando o Bê ainda era pequeno. Na época, próximo dos seus nove anos, aqueles mordedores, brinquedos de montar, tapetes de recreação não faziam mais sentido algum.

A mãe, com lágrimas nos olhos, foi recolhendo esses brinquedos e colocando-os em dois sacos, um para vender e outro para doar.

Enquanto o Bê selecionava, voltei com sua mãe para a sala, e nos sentamos novamente no sofá.

— Você quer me falar alguma coisa? — perguntei. — O que está sentindo?

Com os olhos cheios de lágrimas, ela se abriu. Contou que queria muito ter mais um filho, mas se separou do marido enquanto o Bê ainda era pequeno. Desde então, não tivera bons relacionamentos, e o sonho do segundo filho agora estava distante.

— Acredito que fui guardando tudo na esperança de que algum dia os brinquedos e as coisas do Bê pudessem ser usados pelo irmão ou pela irmã, mas isso não aconteceu.

— Como você está se sentindo ao tirar isso do armário agora, ao dar encaminhamento para esses itens? — questionei.

Para minha surpresa, a resposta foi:

— Leve. Sinto que estou tirando um peso das minhas costas.

Eu me emocionei com as suas palavras. Abracei-a e ficamos em silêncio por alguns minutos.

Imagino quanto essa jornada deve ter sido desafiadora para ela. Desapegar muitas vezes é também abrir mão de algo que gostaríamos que tivesse acontecido, mas não aconteceu. É aceitar alguns fatos e seguir em frente.

Respiramos fundo juntas e, com um semblante mais leve, voltamos para o quarto para iniciar a segunda parte do processo: devolver tudo o que foi selecionado para o local certo.

Fui agrupando os brinquedos em famílias por tipo, aproveitando os organizadores que já existiam e devolvendo para o espaço buscando ao máximo que ele pudesse visualizar tudo o que possuía.

Aquele armário, antes abarrotado, agora estava cheio de espaços livres. Então, começamos a pegar todas as categorias que antes ficavam "soltas" em prateleiras e caixas pelo quarto e a criar novos espaços dentro do armário para armazená-las.

Ao final da sessão, praticamente todos os brinquedos que antes estavam amontoados pelo quarto tinham espaço próprio dentro do armário. Cada categoria agora tinha um endereço, e no quarto sobrou muito espaço livre para brincar.

Despedi-me feliz com o resultado, enquanto via o Bê com os olhos brilhando de alegria.

No meu coração, eu sentia que tinha feito um bom trabalho, mas minha insegurança gritava forte: Será que consegui ajudá-los? Será que esse método funcionava nesses casos?

Ainda emotiva com a história da mãe do Bê, decidi mandar uma mensagem para saber como ela estava se sentindo ao final do processo.

"Vanessa, como você está se sentindo agora? O que achou do resultado?"

"Ná, eu procurei sua ajuda para fazer uma coisa e você fez outra, mas era disso que eu precisava e nem sabia. Obrigada pelo seu trabalho. Bê está dançando no quarto com o espaço 'novo' e vazio que ganhou aqui. Me sinto leve e já quero fazer isso na casa inteira."

Chorei de emoção, de alegria e de alívio. Saí de lá feliz e satisfeita, pronta para meus novos desafios.

CAPÍTULO 13

Mudança de comportamento

Um momento que marcou minha jornada profissional foi um telefonema que recebi de uma jornalista de um grande veículo de mídia aqui do país.

— Nalini, posso te fazer algumas perguntas sobre o seu trabalho?
— Claro — disse. — O que você gostaria de saber?
— Como você se sente quando entra na casa do cliente que te chamou e a casa está toda revirada, aquela bagunça horrível?

De cara, uma pergunta impactante. Eu esperava perguntas mais técnicas a respeito do trabalho. Parei e respirei. *"Como me sinto?"*, pensei.

— A verdade — falei para ela — é que eu me sinto muito feliz. Eu não olho apenas para o problema, eu penso no resultado. Eu vejo a transformação e logo penso em como a vida desse cliente pode melhorar depois que colocarmos sua casa em ordem. Eu me lembro de quando eu estava nesse lugar de bagunça, de caos, e como isso roubava minha energia, como tirava meu bem-estar. Penso em toda a minha jornada, em como a organização me ajudou e fico feliz em poder levar isso a outras pessoas também. Eu me sinto muito empolgada e privilegiada em poder ajudar a melhorar essa área da vida das pessoas. E o melhor é que sei que essa área é uma alavanca para melhorar diversos outros fatores na nossa vida!

A gaveta de laços

Enquanto fazíamos a sessão das roupas da Nina, sua mãe me chamou na sala para trocar algumas palavras comigo. Nina tinha quatro anos, um cabelo preto, grosso e cheio como o da Branca de Neve, uma voz doce e um temperamento forte! Participava ativamente das nossas sessões e escolhia com facilidade o que queria manter e o que não queria mais.

Nesse dia, enquanto organizávamos suas roupas, sua mãe me contou que estava passando por um momento desafiador diariamente para arrumar a Nina para ir à escola. Ela tinha crises de birra na hora de se arrumar, e era sempre um momento caótico e cheio de brigas.

— Vamos pensar em como deixar o uniforme mais acessível? — me disse a mãe dela. — Acho que isso pode ajudar, já que a Nina tem bastante autonomia para se vestir.

— Claro, é para já! Vamos criar um espaço bem acessível para os uniformes e deixar prático para que ela consiga pegar com facilidade.

No final dessa sessão, quando já estávamos finalizando a categoria de roupas, a Isa, mãe da Nina, me pediu uma orientação com as gavetas de acessórios de cabelo da filha.

— Devo manter isso no banheiro ou será que é bacana colocarmos no quarto com as roupas? — ela me perguntou.

— Onde a Nina costuma arrumar o cabelo? — perguntei.

— Aqui no banheiro mesmo.

— Então vale a pena manter aqui. Está prático e acessível.

Quando abrimos a gaveta, para minha surpresa, tinha mais de cem opções de laços! Fiquei em choque.

A sessão seguinte foi com a Isa, e dessa vez a Nina não estava presente. Resolvi abordar o assunto dos laços:

— Isa, estive pensando a respeito da gaveta de laços da Nina. Vamos organizar essa categoria na próxima sessão, e acredito que o ideal seria deixar uma quantidade menor de laços nessa gaveta.

— São muito laços, né? — ela respondeu e continuou: — Fica sempre uma bagunça. A Nina vai pegar e mistura tudo, é sempre difícil encontrar o que ela quer! Sabe o que aconteceu? Eu comprei esses laços em uma loja fora do Brasil, comprei pela internet, e eles vinham em caixas de cinquenta. Comprei duas caixas, pois o preço estava bom e sei que esses laços perdem e estragam. Assim pude otimizar a compra.

— Entendi! Faz sentido! Vou te sugerir guardarmos uns oitenta laços e deixarmos vinte na gaveta, o equivalente a dez pares. Caso você queira quiser repor ou trocar, você vai fazendo isso, sempre mantendo os dez pares apenas. Assim, além de manter a organização, fazemos um estoque dos laços fora dessa gaveta e, mais importante, diminuímos as opções diárias de escolha para a Nina. O que acha?

— Pode ser — ela me respondeu.

Separamos os pares que ficariam na gaveta e os demais guardamos em caixas, no armário do maleiro, separados por tamanho.

Na sessão seguinte, quando cheguei para o atendimento, a Isa, com um sorriso de orelha a orelha, veio me contar um fato muito interessante:

— Você não vai acreditar!

— O que houve?

— A Nina mudou seu comportamento. Está bem mais tranquila para se arrumar para ir à escola. Acho que o fato de ela ter menos laços disponíveis na gaveta pode ter influenciado. Será que tem relação?

Meu coração agora vibrava de alegria! Eu sabia que tinha absoluta relação, e essa era a prova de que a organização é também capaz de mudar o nosso comportamento.

— O excesso de opções de laços com que a Nina se deparava diariamente estava gerando muita ansiedade, e isso impactava diretamente seu comportamento — expliquei.

De acordo com Barry Schwartz, autor do livro *O paradoxo das escolhas*, o excesso de opções com que lidamos nos dias de hoje tem reflexo importante em dois comportamentos: o primeiro é que, em geral, o excesso nos paralisa. Nosso cérebro precisa processar muitos fatores diferentes para fazer uma escolha. O segundo é que ele nos torna mais insatisfeitos. Quanto maior o número de opções, mais coisas deixamos de lado. É muito mais difícil tomar decisões quando são apresentadas muitas opções, o que acaba por elevar as nossas expectativas e, por consequência, a nossa frustração.

Segundo Schwartz, "à medida que aumenta o número de opções, o esforço exigido para tomar uma decisão acertada também aumenta; esse é um dos motivos pelos quais a escolha pode deixar de ser uma vantagem para se transformar em um ônus".

— A Nina com certeza está fazendo menos esforço para escolher diariamente os laços. Menos opções trazem mais assertividade e menos ansiedade.

Em cada casa em que eu finalizava o trabalho, via a mudança nos armários, mas acima de tudo, a mudança de comportamento. Percebia que essa era a mais importante e que, a partir dela, a organização seria muito mais duradoura.

CAPÍTULO 14

Abrir espaço

Meu celular tocou, e era minha antiga professora de ioga:

— Nalini, tenho uma sala aqui na escola que está um pouco bagunçada e queria ver se consegue me ajudar!

— Claro — respondi. — Vamos marcar um dia para que eu possa ir aí, e você me mostra o que está acontecendo.

Na semana seguinte, fui até lá. A minha antiga professora e proprietária da escola foi me mostrando as mudanças que havia feito, reformas e melhorias, até que chegamos à sala para a qual ela estava buscando minha ajuda.

No momento em que ela abriu a porta, tomei um susto. A sala estava completamente ocupada por itens diversos. No fundo, algumas prateleiras com centenas de itens pequenos perdidos; soltos pela sala, colchões, portas, cadeiras, pranchas, malas, caixas com objetos desconhecidos, coisas de bebê e outras dezenas de itens que não conseguíamos nem ver. Não dava para andar pela sala, pois aquilo ocupava todo o espaço.

— O que são esses itens? — perguntei.

— A maioria é dos meus alunos. Muitos deles queriam se desfazer e não sabiam para onde levar. Me perguntaram se eu queria, e acabei deixando aqui para caso precisasse algum dia.

Olhamos com calma e, em seguida, saímos daquela sala para conversarmos melhor.

— Como eu posso te ajudar? O que você imaginou para esse espaço?

Ela, ainda um pouco confusa e atordoada, começou a me contar:

— Nalini, desde que eu mudei para cá, tenho muita vontade de alugar esse espaço como uma sala comercial, algo que possa fazer sentido aqui para a escola. Penso também em um espaço de convivência dos alunos. Mas a verdade é que não dá para fazer nada, pois não tem espaço e não sei como organizar todos esses itens. Qual você acha que seria a melhor forma?

Na realidade, é impossível organizar aquilo que a gente não usa e de que não precisa. Expliquei para ela que, antes de organizar, precisávamos olhar cada item e entender o que fazia sentido manter.

— Você ainda quer essas coisas? — questionei.

— Honestamente, acredito que eu não vou usar esses itens, não preciso de quase nada do que tem aqui.

— Vamos fazer o seguinte. Vou te propor um caminho. Para que possamos entrar e organizar, antes é preciso retirar o que você já sabe que não vai querer. Precisamos liberar espaço para conseguir dar início à triagem e setorizar o que ficou. Vou chamar uma instituição que retira as doações e ajuda diversos projetos sociais. Você separa tudo que já sabe que não vai querer, e eu volto na próxima semana para avaliarmos o que ficou.

Marquei a retirada das doações para a semana seguinte, em uma terça-feira.

Na quarta-feira, ela me ligou, com uma voz diferente.

— Nalini, você não vai acreditar no que aconteceu.

Gelei. Será que deu algum problema na retirada?

— O que houve?

— Ontem a instituição veio aqui e levou quase tudo que eu tinha naquela sala. Percebi que ficar guardando só estava me tomando espaço. Eu não preciso daqueles itens e percebi que poderiam ser úteis para muito mais gente. O fato é que ontem levaram quase tudo e hoje recebi uma ligação de uma pessoa interessada em locar um espaço. Eu havia feito um anúncio algum tempo atrás, e ninguém nunca havia me contatado. Justo agora que resolvi mexer na sala, recebi o primeiro contato interessado. Que loucura, não?

— Isso é incrível! — respondi a ela. — Tenho certeza de que esse processo permitiu que as coisas fluíssem.

Fiquei muito feliz.

A energia que colocamos em um espaço, especialmente quando damos uma intenção para ele, é muito poderosa. Quando entulhamos um local, nós o fechamos para que venham coisas novas, para que a energia circule.

Quanto mais eu atendia, mais percebia mudanças na vida dos clientes a partir do processo de organizar, de retirar o que estava parado, de fazer circular os seus pertences. Eles sempre me relatavam coisas que agora começaram a se encaminhar em suas vidas.

Foi ficando cada vez mais evidente a ligação entre o nosso espaço físico, o nosso comportamento e a possibilidade de alcançar os nossos objetivos.

CAPÍTULO 15

Identificando os padrões

Na primeira sessão da Camila, percebi que ela estava escondendo alguma coisa. Havia, naquela bagunça, algum segredo que eu não conseguia identificar.

Assim como nos meus outros atendimentos, começamos pela visualização da casa ideal, dos objetivos e sonhos e seguimos com a meditação para ajudar a trazer presença e conexão para esse momento tão importante.

Fomos então para o closet, e, no momento em que tiramos todas as roupas daqueles armários, o segredo foi descoberto: pilhas de sacolas de lojas com roupas ainda com etiquetas, que estavam escondidas, agora podiam ser vistas!

Nos olhamos e a Camila, um pouco constrangida, começou a falar:

— Tenho comprado muita roupa, acessórios, sapatos e bolsas. Sinto que perdi um pouco o controle. Meu marido não pode saber. Escondo as sacolas aqui para que ele não as veja. Outro dia, ele me viu usando uma bolsa nova e me senti pega em flagrante. Foi constrangedor, e não pude assumir a verdade.

— O que você disse a ele?

— Disse que tinha ganhado da minha tia. Não é de todo mentira, pois ela estava comigo nesse dia... mas fui eu mesma que comprei.

— Camila, sabe que eu já passei por isso? Teve uma época em que perdi um pouco a mão no consumo e também tinha vergonha de o meu marido perceber. Às vezes deixava uma sacola no carro para ele não me ver entrando em casa com ela.

— Eu me sinto mal com isso, mas não estou conseguindo mudar. Fora que está me prejudicando, pois já estou com a conta no vermelho, mas ainda assim, toda vez que passo em frente às lojas, acabo voltando com uma sacola — ela me contou. E continuou: — O prédio comercial em que trabalho fica ao lado de um shopping center, e, sempre que vou almoçar lá, acabo comprando mais alguma peça de roupa. Já não cabe mais nada aqui no guarda-roupa.

Naquele dia, duas coisas ficaram muito claras para mim:

1. **De nada adiantaria organizar aquele armário se ela não mudasse o comportamento.**
2. **Eu já tinha vivido aquele padrão, e o primeiro passo para mudá-lo foi ter identificado e assumido o problema.**

— Camila, além da organização do seu guarda-roupa, precisaremos trabalhar esse comportamento de consumo. Eu já estive nele e sei como é difícil, mas o primeiro passo para você conseguir mudar isso é reconhecer o problema.

Ela me deu a mão e pediu minha ajuda.

Meus olhos se encheram de lágrimas, percebi a sua angústia e lembrei-me de quando passei por isso. Não foi fácil.

— Você vai conseguir! Eu vou te ajudar. Será preciso mudar alguns hábitos e comportamentos, mas, se você estiver disposta, é possível!

> **Todo vício, excesso, distração que buscamos na nossa vida é para fugir ou acobertar algum sentimento com o qual não estamos conseguindo lidar. É uma fuga, é preencher um vazio interno com um prazer imediato.**

— Você precisa entender que vazio é esse que você está querendo preencher com as compras. Vamos trabalhar bastante as suas escolhas, para que possa tomar decisões fora do automático, fazer compras mais planejadas e conscientes, e também sugiro que, se você sentir necessidade, procure uma psicóloga para te ajudar ainda mais nesse processo de autoconhecimento.

Naquele dia, voltei para casa e desenhei um novo protocolo para meus atendimentos. O protocolo do Tipo de Bagunceiro.

Eu já havia identificado padrões semelhantes nos clientes, e quando trazia essa consciência para eles, o processo de organização era muito mais efetivo.

Era possível trabalhar os comportamentos necessários para mudar definitivamente aquela organização.

Ficou claro que, para resolver qualquer problema de bagunça, o primeiro passo era entender o *comportamento* que o impulsionava, identificando *em qual tipo de bagunceiro a pessoa se encontrava.*

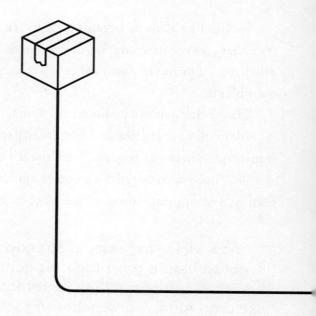

PARTE 3

QUE TIPO DE BAGUNCEIRO VOCÊ É?

CAPÍTULO 16

O grande segredo: a chave da mudança

Ficava cada vez mais claro para mim que a bagunça era como um iceberg. O que o cliente via era a ponta do iceberg. Todas aquelas coisas espalhadas pela casa, itens sem lugar, papéis acumulados, brinquedos nos lugares mais inusitados, armários cheios, prateleiras desorganizadas, caixas escondidas e muita coisa perdida.

O que eu via ia muito além disso. Eu olhava para a parte de baixo do iceberg, aquele pedaço que, em geral, a gente não enxerga.

A base do iceberg eram os comportamentos, as crenças, os sentimentos, os hábitos, as atitudes, os relacionamentos. Eu não via as *coisas*, eu via as *pessoas*. Percebia que, enquanto olhávamos os pertences e organizávamos as categorias, íamos trabalhando processos mais profundos e internos. Pouco a pouco, atuando na base do iceberg, como consequência, a ponta dele ia se desfazendo.

> **Não tinha a ver com as coisas, e sim com as pessoas!**

Conforme mexíamos no espaço físico, o comportamento também mudava.

Comecei a perceber como a organização do nosso espaço físico e nosso comportamento estavam intimamente relacionados. A organização exterior ajudava na organização interior, e vice-versa.

No protocolo dos bagunceiros que estava criando, eu anotava os comportamentos que estavam prejudicando a organização daquela pessoa e quais mudanças eu poderia propor para que, ao serem introduzidas na sua rotina, ajudassem a manter a organização.

Fui estudar e buscar novos conhecimentos sobre comportamentos e hábitos, para que pudesse ajudar ainda mais meus clientes.

Nessa época, com minha agenda cheia e uma fila de espera enorme para meus novos atendimentos, decidi criar um curso on-line. Através dele, consegui alcançar muito mais gente, levando meus valores, aprendizados e experiências para centenas de pessoas ao mesmo tempo!

Eu tinha muito receio em levar o trabalho para o on-line e as pessoas não conseguirem acompanhar, ou não obterem resultados tão positivos na organização de suas casas quanto no presencial. Mas, diferentemente do que eu imaginava, a adaptação para o ensino à distância me surpreendeu. Nesse formato de ensino, cada aluno vai no seu ritmo, vivenciando essa jornada a seu tempo e velocidade. Ainda foi possível trazer conteúdos diferentes que se complementavam à organização. Por fim, possibilitou que pessoas ao redor do Brasil e brasileiros ao redor do mundo pudessem aprender os passos de uma organização eficiente e implementar grandes mudanças em suas casas.

Isso amplificou meu alcance, validou minha teoria dos comportamentos de bagunça e me ajudou a identificar os 12 tipos de bagunceiros, que em breve você conhecerá.

Entendi que toda pessoa que se incomoda com bagunça, quando toma consciência do comportamento que a prejudica, tem em suas mãos a chave para a resolução do problema. Esse é o primeiro passo para ter uma casa organizada.

CAPÍTULO 17

Como se formam os tipos

Para melhor compreender os 12 tipos de bagunceiros, antes de conhecê-los, é importante entender como eles se formam.

Em uma conversa, uma amiga que estava recém-separada se abriu para mim.

— Nalini, eu amo organização e me acho muito organizada. Gosto de manter tudo no lugar, mas sinto que o emocional tem me afetado, e este momento que estou vivendo está dificultando a minha organização.

Eu havia acompanhado a separação, um momento desafiador na vida dela. Eu me solidarizei com seu depoimento e pude sentir a frustração em sua voz.

— Eu te entendo, e isso é normal. Um dos cinco pilares que acredito que formam o nosso tipo de bagunceiro é o nosso momento de vida. Ele interfere diretamente na nossa bagunça. Não se julgue nem se cobre tanto.

> **Assim como nossa vida é cíclica, está em constante movimento, a bagunça também, e o motivo pelo qual bagunçamos vai mudando.**

Além do pilar "momento de vida", outros quatro fatores influenciam na formação do nosso tipo de bagunceiro: a criação, a crença de identidade, a personalidade e o ambiente atual.

Os cinco pilares

— Se você não guardar os seus brinquedos, vou mandar tudo para a doação.

Era assim que minha mãe falava quando a casa virava aquele caos de brinquedos espalhados. Ela colocava um saco plástico na maçaneta da porta e dava um prazo para termos tudo devolvido para o devido lugar.

Em geral, era só uma ameaça mesmo. Essa era a forma como ela conseguia atenção para que a gente parasse o que estava fazendo e priorizasse a devolução dos brinquedos para onde deveriam ser guardados.

Assim como eu, você deve ter tido alguma experiência na sua infância ligada à organização. Pode ter sido positiva ou negativa, ou até pode ser que você não se lembre de algo específico: isso também dirá muito sobre a sua relação atual com a bagunça ou com a organização.

A primeira grande influência na nossa percepção de organização está relacionada à forma como fomos criados, ao ambiente em que vivemos a nossa infância.

Pilar 1: ambiente de criação

A minha percepção sobre a organização sempre foi de algo chato a fazer. Apesar de gostar dela e me sentir bem com ela, era quase como uma obrigação inalcançável, já que grande parte das minhas tentativas era em vão. Cresci com uma visão bastante distorcida a respeito do que era realmente organizar, e consegui mudá-la somente após uma longa jornada de estudos e aprendizados.

O ambiente em que fomos criados na infância molda muito da nossa visão de mundo, da nossa percepção sobre a vida e influencia os nossos comportamentos futuros.

É válido dizer que não necessariamente replicamos com exatidão o que aprendemos, muitas vezes acabamos indo no sentido oposto.

Durante uma aula, uma aluna minha abordou um comportamento de sua mãe e a forma como isso refletiu na sua vida. Na mesma hora, outra aluna apontou o mesmo comportamento na sua mãe, porém nela, o reflexo dessa atitude foi completamente diferente.

Questionávamos a necessidade de termos em casa itens diferentes para serem utilizados no dia a dia e para receber visitas. Ambas contaram que foram criadas em um ambiente onde havia claramente essa separação, e os itens melhores não podiam ser utilizados em dias normais, apenas com convidados.

Uma delas contou que replicou o mesmo comportamento na vida adulta. Em sua casa, tinha separado os itens do dia a dia daqueles para servir em ocasiões mais especiais, mas, em geral, pouco usava os itens de receber, já que tinha um trabalho enorme cada vez que ia colocá-los em uso. Ela costumava guardá-los em um armário aberto e de difícil acesso. Acabava juntando muito pó. Sempre que ia usar, antes precisava limpar.

A outra aluna, por sua vez, adotou um comportamento oposto ao da mãe. Depois de ter sua própria casa, decidiu que não haveria distinção. Colocou tudo em uso para o dia a dia, inclusive um aparelho de jantar que sua mãe ganhou de casamento e ficara guardado por mais de trinta anos.

Veja como, para cada uma delas, o ambiente reverberou de uma forma diferente.

> **Você já parou para pensar como sua criação impacta a forma como você lida com a organização hoje?**

Quando olhamos com atenção para a maneira como fomos criados e a visão que tivemos na infância sobre a organização, isso nos dá as primeiras pistas para entendermos a forma como lidamos com ela hoje.

Tive uma aluna que cresceu ouvindo que era muito bagunceira. Desde criança ela ouvia que era um caso perdido de organização e, quando se casou, levou consigo essa identidade. Tinha muita dificuldade em manter qualquer coisa organizada. Quando ela entrou no meu curso, me disse que era um caso perdido. Essa era a forma como ela se via.

Pilar 2: crença de identidade

As nossas crenças representam a nossa visão de mundo, são a forma como cada um enxerga a realidade. São as nossas convicções, suposições e preconceitos, que desenvolvemos a partir da nossa vivência e formação como indivíduos.

A formação das nossas crenças sofre influência tanto do nosso ambiente familiar como da sociedade como um todo. A nossa identidade está muito relacionada às nossas crenças. Nossa autopercepção e nosso julgamento sobre nós e os outros estão atrelados à nossa visão de mundo.

Você é aquilo que acredita ser. Formamos as crenças sobre a nossa identidade e, por fim, assumimos esse comportamento.

Algo que ficou muito claro trabalhando com organização é que muitas pessoas desenvolvem crenças de identidade a respeito de si mesmas e acabam "comprando essa ideia", limitando sua melhoria e seu desenvolvimento.

"Eu sou muito preguiçoso, não tem o que fazer..."

"Sou bagunceiro demais, fazer o quê?"

"Ah, mas eu sou desorganizado mesmo."

Eu gosto da ideia de que não *somos*, *estamos*.

O verbo "ser" está relacionado a algo mais permanente.

O verbo "estar", por sua vez, se refere a algo mais temporário.

Procuro pensar que, como estamos em constante movimento e evolução, o verbo "estar" tira de nós as crenças de que somos algo e não podemos mudar.

Vale olhar para as crenças que você formou a respeito de si com relação à organização. Será preciso abrir espaço para o surgimento de uma nova crença de identidade, que pode estar mais próxima de quem você quer se tornar.

Segundo James Clear, "a verdadeira mudança de comportamento é a mudança de identidade. Você pode começar um hábito por causa da motivação, mas a única razão que o fará cultivá-lo é ele se tornar parte da sua identidade".

— Você cresceu ouvindo que era bagunceira e assumiu para si mesma essa identidade — eu disse à minha aluna. — Está na hora de eliminar essa visão e construir uma nova, alinhada com quem você é hoje e com os objetivos que deseja alcançar. A partir de agora, comece a falar para si mesma: "Eu sou organizada, estou aprendendo e colocando em prática da forma correta". Você já deu o primeiro passo, já está no caminho da mudança.

E foi a partir desse momento que ela conseguiu obter resultados incríveis na organização da sua casa: eliminando primeiro a sua crença de bagunceira, trabalhando em uma nova identidade e, por fim, colocando em prática os aprendizados do curso.

Trabalhando de dentro para fora, ela transformou sua organização.

No final de uma palestra, uma participante me abordou para contar que era extremamente perfeccionista, e isso gerava muita ansiedade acerca da organização da sua casa. Ela sofria muito com a desorganização e estava inclusive passando por desafios com seu companheiro, que não se incomodava com a bagunça.

Pilar 3: personalidade

A personalidade está relacionada às características individuais de cada pessoa. É um conjunto de comportamentos e padrões emocionais que se formam a partir de fatores pessoais e do ambiente.

A personalidade influencia diretamente a forma como sentimos e lidamos com as situações, e com a organização não é diferente. Inconscientemente, nossa personalidade pode impactar positiva ou negativamente nossa forma de organizar.

Mais uma vez, é preciso fazer o exercício da auto-observação. Compreender como a sua personalidade impacta o seu relacionamento com a sua casa, com a sua rotina e com as suas coisas te ajudará a identificar seus padrões de comportamento.

No caso da Lia, que me abordou durante a palestra, identificar que sua personalidade impactava a organização ajudou-a a trazer mais consciência para o problema e para um diálogo mais aberto com seu marido.

A ideia não é mudar sua personalidade ou a do seu companheiro, e sim, com base no conhecimento sobre isso, ajustar a organização.

Anos depois, recebi um direct da Lia me contando como entender a diferença de personalidade a havia ajudado para que a organização funcionasse melhor.

"Eu transferia minha expectativa de organização toda para meu marido, não conseguia de fato compreender a nossa diferença de personalidade. Até que, depois daquela conversa que tive com você, me dei conta de que a forma como ele agia não era pessoal comigo, e sim parte de uma característica dele. Ele simplesmente não se importava com a falta de organização. Fazer essa auto-observação nos permitiu uma conversa mais franca sobre o jeito de cada um, e conseguimos definir as responsabilidades individuais para uma melhor convivência."

Certa vez, uma cliente me confessou que estava muita nervosa e não entendia o que estava acontecendo. Ela me relatou que seu marido era superbagunceiro em casa, não devolvia nada para o lugar, suas coisas estavam sempre perdidas, mas, quando ele estava no seu ambiente de trabalho, parecia outra pessoa. Lá, tudo era impecavelmente organizado. Todos os armários se mantinham em perfeita ordem, e ele sempre devolvia tudo para o lugar. Ela não entendia o motivo e começou a achar que o problema fosse específico com ela.

Pilar 4: ambientes e relações

O nosso ambiente impacta diretamente o nosso comportamento.

Já observou como em diferentes lugares acabamos nos apresentando de formas diferentes? Precisamos fazer ajustes na forma como nos vestimos e nos colocamos em determinadas situações.

Comecei a observar que essa questão da organização no ambiente de trabalho versus em casa era recorrente. Muitas mães também me relatavam que seus filhos eram organizados na escola, mas, quando chegavam em casa, faziam a maior bagunça.

Ficava claro quanto o ambiente pode moldar as nossas atitudes.

Nossa casa é o nosso refúgio, nosso local de relaxamento, e muitas vezes acabamos entendendo que, para conseguir ter essa liberdade, precisamos nos livrar de regras e limites que temos em ambientes externos. Isso em geral provoca essa ruptura entre as atitudes que temos em ambientes mais regrados e com uma organização imposta.

Trabalhei por um tempo em um espaço de coworking, um tipo de local de trabalho compartilhado, e me lembro que, durante o dia, cada um determinava o espaço em que iria trabalhar.

Em alguns espaços, viam-se profissionais que trabalhavam em seus computadores, com tudo organizado em cima da mesa. Em outros, via-se uma enorme bagunça e dezenas de itens espalhados desordenadamente. Ao final do dia, todos tinham que esvaziar o local para o fechamento do coworking, e era preciso guardar o material na mochila ou em um armário com cadeado que ficava dentro do espaço. Todos recolhiam e organizavam seus pertences, dos mais bagunceiros aos mais organizados. Ao final do expediente, todas as mesas estavam vazias outra vez.

Percebi como a força da regra faz com que o ambiente seja uma alavanca para o comportamento desejado, e nesse caso, a organização daquele espaço funcionava muito bem.

Conversando com minha cliente, ajudei-a a entender que o problema não era pessoal, uma afronta do marido ou alguma forma de provocação. Provavelmente os limites e as regras no trabalho o ajudavam a ser mais organizado nesse ambiente.

Fizemos uma lista com alguns combinados que poderiam ser introduzidos na casa para ajudá-los a criar um ambiente mais propício à organização. Também a orientei para que ouvisse do marido sugestões de melhorias nos sistemas de organização que pudessem estar dificultando a manutenção da ordem, e juntos eles conseguiriam traçar um plano para estabelecer os limites confortáveis para ambos.

Isso ajudou muito para que o marido entendesse seu papel dentro da casa, assim como já o compreendia no seu ambiente profissional.

Por isso se faz tão importante avaliar como você se comporta em cada um dos ambientes em que circula e identificar quais regras estão estabelecidas em cada um deles. Vale observar se você tem o mesmo padrão de comportamento ou se ele se altera em função dessas diferentes diretrizes.

Encontrei uma grande amiga minha, e ela me contou que estava trabalhando em home office e, desde então, sentia que havia perdido um pouco o controle da organização da casa. Ela me disse que estava muito frustrada, pois, agora que passava mais tempo em casa e queria um ambiente mais gostoso, estava muito estressada com a bagunça e não entendia o que estava acontecendo.

Pilar 5: momento de vida

Transições em nossas vidas em geral nos tiram do eixo, e consequentemente as coisas ficam mais bagunçadas.

Quando veio a pandemia de covid-19, minha casa já estava completamente organizada e eu já trabalhava na área havia alguns anos, dava cursos e me sentia completamente estruturada com a organização. Mas naquele momento inicial, em que todos fomos pegos de surpresa e de um dia para o outro começamos uma quarentena sem poder sair de casa, tive um período forte de desorganização.

Grande parte do meu trabalho já era em home office. No entanto, o trabalho do meu marido e a escola dos meus filhos também vieram para dentro de casa e todas as tarefas que fazíamos externamente tornaram-se on-line, fazendo com que as demandas com a casa crescessem muito.

Naquele início, refleti: "*Será que sou uma fraude? Trabalho ensinando organização e agora parece que minha casa saiu do controle*".

O fato é que, quando sabemos organizar e temos a consciência dos comportamentos que nos levam a bagunçar, fica fácil identificar o motivo da desordem e atuar diretamente no ponto em que há necessidade.

Fiz uma autoavaliação dos pontos em que percebia que a bagunça estava voltando e atuei neles. Mudei algumas regras, repensei alguns espaços e logo retomei o controle da minha casa.

Não foi preciso reorganizar, pois a casa se manteve em ordem. Foi preciso repensar hábitos e combinados, que, assim que estabelecidos, fizeram com que a ordem voltasse a reinar. Isso nos possibilitou alguns meses trancafiados dentro de casa, mas com muito bem-estar, leveza e qualidade de vida.

Quando você sentir que está sem o controle da sua organização, identificar se houve alguma mudança no seu momento de vida pode ser a chave para compreender grande parte do problema.

Transformações como um casamento ou uma separação, uma mudança de carreira, filhos, doenças, perdas, mudança de casa, de cidade, de emprego; todos esses fatores podem impactar diretamente nossa organização.

Após ouvir e validar o sentimento de frustração da minha amiga que estava vivendo o desafio do trabalho em home office, pude mostrar que seu momento de vida estava pedindo por uma nova organização e seria preciso que ela, em algum momento, priorizasse essa questão.

— Hoje, passando mais tempo em casa, com novos hábitos e comportamentos, talvez seja preciso rever a forma como você organiza suas coisas. Entender o que não está prático, o que precisa mudar, o que precisa eliminar e o que talvez precise incluir. Isso vai demandar tempo e energia sua, mas será essencial para que possa retomar o controle da sua casa.

E essa foi a virada de chave para que ela investisse tempo na sua nova organização e, agora, consiga usufruir de uma casa que está alinhada com seu novo momento de vida.

CAPÍTULO 18

Guia de utilização da ferramenta

A metodologia dos 12 tipos de bagunceiros funciona como uma bússola, um instrumento de orientação, para que, no momento em que você se sinta perdido com a sua bagunça, encontre o caminho para começar ou retomar a arrumação da sua casa.

Identificar o seu tipo de bagunceiro será o primeiro passo para retomar o controle. Para saber o que você precisará corrigir e ajustar.

Mas, antes de identificar que tipo de bagunceiro você é, é importante ressaltar a diferença entre rotular e nomear.

Rótulos

Desde pequena recebi inúmeros rótulos que, por muitos anos, aceitei.

— A Nalini... ah, ela é muito preguiçosa, fala pelos cotovelos, é teimosa que só.

Eu ouvi tantas vezes que era preguiçosa e teimosa que praticamente incorporei à minha personalidade. Assumi essas características e abracei forte esse meu "talento".

O fato é que eu não gostava de ter essas características que me haviam dado, mas as aceitava pelo fato de já tê-las incorporado à minha personalidade. Mas, conforme fui crescendo, comecei a questionar meus rótulos. Será mesmo que sou assim?

Na vida adulta, entendi que rotular é uma forma de qualificar as pessoas de uma maneira simplista, através de julgamentos ou preconceitos. Em geral, o próprio julgamento ou preconceito diz muito mais sobre a pessoa que o faz do que aquela que o recebe.

Por isso, preciso que fique claro para você que, aqui, não vamos te rotular. A ideia é que você aprenda a *nomear* seu tipo de bagunceiro.

> **Lembre-se de que você não é bagunceiro, você está agindo assim.**

É preciso identificar os comportamentos e as atitudes que estão te atrapalhando. Conhecer seu tipo te ajudará a agir na direção correta.

Nomear no lugar de rotular

Nos desafios e tropeços da maternidade, deparei-me com um novo formato de educação que me encantou: a disciplina positiva.

Um dos grandes aprendizados que a disciplina positiva me trouxe foi o de nomear os sentimentos.

Ao nascermos, nós não sabemos lidar com as emoções. Não sabemos reconhecê-las. Muitas vezes, a criança passa por um momento de choro ou birra, mas não sabe expressar o que está sentindo. Quando nomeamos para a criança o que ela sente, a ajudamos a reconhecer e lidar melhor com aquele sentimento. Isso cria repertório emocional e permite identificar as sensações que cada sentimento gera.

Quando meus filhos eram menores e enfrentavam algum momento desafiador, em que os sentimentos ficavam aflorados, eu me aproximava e procurava ajudar:

— Filha, estou percebendo que *você está muito nervosa*. Vamos pensar em algumas formas de se acalmar. Será que respirar um pouco pode ajudar? Talvez contar até dez. O que você prefere?

Ou:

— Filho, notei que *você ficou com raiva* quando seu amigo arrancou o brinquedo da sua mão. Coloca a mão aqui no seu coração. Percebe que ele está batendo bem rapidinho? É porque você ficou nervoso. Vamos nos sentar um pouco para se acalmar?

Ajudar meus filhos a identificar os sentimentos e nomeá-los para conseguir lidar melhor com as sensações me mostrou exatamente como devemos utilizar a ferramenta dos 12 tipos de bagunceiros.

> **Você deve ler e compreender todos os tipos para ter repertório dos comportamentos de bagunça.**

Quando você reconhece e nomeia o que está sentindo e compreende o que está passando, consegue direcionar os esforços de forma mais efetiva para solucionar o seu problema!

Com esse recurso, sempre que a bagunça voltar, você conseguirá identificar o motivo e terá os recursos necessários para saber o que precisa mudar e corrigir.

Criei os 12 tipos de bagunceiros para que você possa nomear o seu momento e entender com mais clareza o seu comportamento. Para que, com maturidade e discernimento, você possa identificar os pontos em que pode melhorar.

Chegou o momento de apresentá-lo aos 12 tipos de bagunceiros!

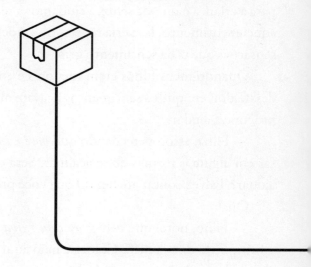

PARTE 4

OS DOZE TIPOS

TIPO 1
Aprendiz

"Eu organizo e a bagunça volta."
"Já comprei inúmeros organizadores, mas não adiantou."
"Não sei a melhor forma de guardar."

Ana, assim que me contratou para organizar sua casa, me disse ao telefone:

— Nalini, eu sempre gostei de organizar. Amo a minha casa, mas não sei mais o que fazer. Já tentei de tudo, mas parece que as coisas não ficam no lugar certo, sabe? Nunca sei como é melhor guardar cada item. Eu cansei.

Quando cheguei à casa dela, fizemos o tour por armários e gavetas, e, apesar do esforço em arrumar, ela me mostrou que as roupas ficavam amassadas e misturadas. Os pertences pareciam jogados nas gavetas do escritório, causando grande dificuldade em encontrar qualquer coisa de que precisasse. As prateleiras dos brinquedos cheias de caixas com itens aleatórios e misturados. O seu desafio em manter a organização só aumentava.

Conversamos sobre suas dificuldades, e ela me revelou que tinha um quartinho na garagem onde, junto com alguns itens sazonais, guardava dezenas de organizadores que tinha comprado e tentado usar na organização, mas que não conseguia fazer funcionar.

— É muito frustrante — ela me dizia. — Eu tento organizar, busco soluções diferentes, compro novos organizadores e parece que nada funciona. Você tem ideia de quanto já gastei com esses organizadores? Daqui a pouco, vou abrir uma loja. Eu não sei o que estou fazendo de errado, mas sinto que não sei como deveria organizar.

Comecei a perceber quantas "Anas" eu atendia, quantas "Anas" entravam no meu curso, com essa sensação de que estavam fazendo algo errado, mas não sabiam exatamente o quê.

Esse é o que chamei de tipo 1: o aprendiz, aquele que não sabe organizar pois nunca aprendeu corretamente a fazê-lo. Não fez um curso específico para compreender as técnicas e as ferramentas e talvez nem saiba que isso existe.

São pessoas curiosas, que vão atrás de soluções, buscam alternativas para resolver seus incômodos com a bagunça, mas que, por falta de um conhecimento técnico, muitas vezes se decepcionam com os seus resultados.

Na maioria das vezes, tentam organizar de forma intuitiva ou replicam padrões que aprenderam na infância. Tentam reproduzir ideias de organização que veem em revistas ou nas redes sociais e acabam com a sensação de que investiram tempo e dinheiro para melhorar a casa, mas não obtêm os resultados que gostariam. Isso gera estresse, frustração e desânimo.

Gosto sempre de relembrar às pessoas que organizar não é um dom, e muito menos intuitivo. Está tudo bem em não saber organizar. Isso não é matéria que estudamos na nossa grade horária da escola ou da faculdade.

Uma vez, meu filho Benny chegou chorando da escola. Tentei acalmá-lo e procurei entender o que tinha acontecido. Aos poucos, ele foi retomando a calma e conseguiu me explicar:

— Mãe, eu queria ler. Por que a Marina consegue e eu não?

Enquanto minha filha está sendo alfabetizada, ele acompanha o processo. Percebo que ele fica animado com a conquista dela, porém frustrado por não conseguir fazer o mesmo. Vejo sua decepção ao olhar para as letras e não identificar o que está escrito.

Abracei-o e conversamos:

— Benny, eu entendo que você já queira ler como a Marina, e, em breve, você também vai aprender! Mas não se cobre por não saber ler ainda! Ninguém te ensinou. Você vai aprender quando chegar a hora certa!

> **A gente se cobra tanto para organizar a nossa casa corretamente que acaba esquecendo que ninguém nos ensinou.**

Não temos o conhecimento de como deveríamos fazer.

Muitas vezes, nem temos a consciência de que podemos estudar esse assunto e que existem técnicas para nos ajudar.

É como ver as letras embaralhadas e não conseguir formar as palavras. A alfabetização pode e deve ser aprendida, mas existe um processo. Com a organização, é o mesmo.

Muitas das minhas alunas, quando aplicam as técnicas de organização em suas casas, logo percebem uma grande diferença:

— Como eu nunca soube que era assim que eu deveria dobrar minhas roupas?

— Parecia tão difícil manter essa gaveta, e, com uma simples mudança, agora ficou tão fácil.

— Agora eu entendi quando eu devo utilizar o organizador.

Quando a gente estuda e entende a lógica, fica muito mais claro e fácil saber o que fazer.

Se você se identificou com o tipo 1, não desista da sua organização. Invista tempo no seu aprendizado e na aplicação. Essa é a base a ser trabalhada no seu iceberg, que resolverá de uma vez por todas a sua organização!

TIPO 2
Otimizador

"Tenho mais coisas do que espaços."
"Eu me sinto um pouco sufocada na minha casa."
"É difícil fazer as coisas caberem nos meus armários."

A minha aluna Debora morava em um apartamento pequeno quando se casou. Durante os primeiros anos de casada, ela conseguia manter a organização.

— Não estava superorganizado, mas as coisas tinham seus lugares para guardar e a gente até que conseguia manter, só que aí vieram os gêmeos. A chegada de dois filhos ao mesmo tempo dobrou a quantidade de itens que tínhamos em casa, e, na tentativa de fazer caber tudo dentro dos armários, eu me perdi.

Ela começou a reorganizar otimizando ao máximo o espaço de cada armário. A ideia era aproveitar todos os cantinhos possíveis: cada gaveta, prateleira e até mesmo a parte de cima dos armários. Todo espaço deveria ser bem utilizado. Com isso, as coisas começaram a ficar bastante apertadas.

— Comecei a ter a sensação de que tudo estava amontoado, entulhado. Era como se minhas coisas estivessem sufocadas.

Em um dos armários, ela decidiu guardar alguns itens sentimentais. Eram álbuns, fotos de família, materiais escolares da sua infância, roupas de quando criança. Ficou tudo tão otimizado e bem encaixado que ela não conseguia mais mexer lá.

Então, simplesmente decidiu que não poderia mais pegar nada naquele espaço. Seria arriscado demais tirar qualquer item de lá, pois dificilmente conseguiria remontar aquele "quebra-cabeça" tão bem encaixado de peças.

Comecei a perceber na casa das minhas clientes o que chamei de "efeito Tetris".

Tetris era um jogo com que eu adorava brincar quando criança. Naquele computador antigo, as peças iam caindo e era preciso ir encaixando para que não ficasse nenhum espaço vazio. As peças, com formas diferentes, precisavam ser viradas para que o encaixe ficasse perfeito e não sobrassem buracos nas linhas. Quando a linha era totalmente preenchida, desaparecia. Era delicioso ir fazendo aqueles encaixes, e a cada nível a velocidade ia aumentando.

A esse tipo de bagunceiro que busca o aproveitamento máximo dos espaços, eu dei o nome de otimizador. Aquele que vai encaixando seus pertences, otimizando os seus espaços e criando um verdadeiro quebra-cabeça com as suas coisas.

Em geral é a pessoa que gostaria de ter mais espaço, sente que possui mais coisas do que cabem nos seus armários. Grande parte das vezes, o espaço físico não comporta tudo que gostaria de guardar, mas ela sempre encontra formas de encaixar o que tem. Dá aquele "jeitinho" e consegue armazenar muito mais do que caberia naquele local.

Ficou nítido que esse perfil gosta de organizar e de ter a sensação de que aproveita seus espaços de armazenamento. Sente um prazer enorme ao ver que consegue otimizar e fazer caber tudo o que gostaria. Costuma ter espaços sempre cheios e muitas vezes demora a encontrar o que precisa.

Além disso, observei mais uma característica em comum: não pode ver um espaço vazio que já vai preenchendo com coisas.

O espaço vazio gera incômodo.

Eu percebia, durante meus atendimentos, que, enquanto ensinava e ajudava a melhorar a organização, os armários e as prateleiras começavam a esvaziar; os espaços "respiravam", os limites entre os pertences se tornavam mais claros, e muitas vezes acabávamos com gavetas, prateleiras e espaços vazios!

"Ah! Que delícia, sobrou espaço agora", eu pensava.

Enquanto eu curtia aquele espaço vazio, via claramente o incômodo da minha cliente, já pensando no que ela colocaria nesse local que sobrou. Em pouco tempo, aquele vazio já seria ocupado novamente.

Achei interessante um artigo escrito por Graham Hill em março de 2013 para o *New York Times*: "Vivendo com menos. Com muito menos". Ele apresenta uma pesquisa realizada nos Estados Unidos que mostra que, apesar de as casas estarem, em média, com mais do que o dobro do tamanho do que nos anos de 1950 e abrigarem menos pessoas do que naquela época, o espaço não conseguia armazenar todos os pertences.

"O tamanho dos lares aumentou, houve uma redução do número de moradores e não há espaço suficiente para caber tudo o que trazemos e consumimos para dentro de nossas casas. Existe um mercado de armazenamento externo crescendo, especialmente nos Estados Unidos, para que as pessoas consigam guardar todas as suas coisas."

Mas há também uma tendência oposta no mercado imobiliário atual: a crescente oferta de miniapartamentos, os chamados estúdios, principalmente nas grandes cidades. Para conseguir viver em tão pouco espaço, o desafio de organizar se torna ainda maior. Criam-se as mais diversas soluções de armazenamento para que caibam armários e gavetas em todo e qualquer espaço possível.

Entramos em uma nova era da organização: a da otimização.

> **Em vez de avaliarmos o que realmente merece ser guardado, criamos mais e mais espaços para armazenar.**

As casas estão cada vez mais cheias de armários, que, ainda assim, parecem não ser suficientes para tudo o que precisa ser guardado.

É claro que existem benefícios em saber otimizar o espaço. Não tenho dúvida de que, em diversos momentos, essa habilidade é de grande valia.

Uma grande alegria era quando íamos viajar e meu pai começava a encaixar aquele monte de malas no porta-malas do carro. Éramos cinco:

meus pais, minha irmã, meu irmão e eu, e uma pilha de bagagem, com malas, sacolas, supermercado, tudo para ser colocado dentro de um único veículo. Meu pai sempre começava pelas malas maiores e aos poucos ia encaixando as menores. As sacolas pequenas e mais flexíveis ficavam por último, e ele ia fechando os espaços com elas. Era fascinante ver! Sempre me surpreendia perceber que, com jeitinho, ele fazia caber tantas coisas em tão pouco espaço.

Fazer esse quebra-cabeça de itens funcionar é com certeza de grande ajuda. Mas, quando a balança começa a pesar para o excesso de coisas, você deixa de organizar e começa a "entulhar" os itens e, de certa forma, muitas vezes acaba por escondê-los ou dificultar o acesso a eles.

Como consequência de uma otimização excessiva, esse tipo geralmente acaba se perdendo em sua própria organização. Em geral, guarda tanta coisa que isso dificulta na hora de encontrar e utilizar. Ele tem uma "falsa" sensação de organização e, em geral, se sente um pouco "sufocado" dentro de casa.

Se você se identificou com o tipo 2, observe seu impulso de otimizar os espaços. Redobre a atenção àquilo que deseja realmente guardar e faça triagens com frequência.

Quando você aprende a fazer escolhas mais conscientes e assertivas, consegue manter somente o que cabe no espaço que possui e que faz sentido para o seu momento de vida. Você começa a lidar melhor com os espaços vazios e pode descobrir o que realmente importa na sua casa e na sua vida!

TIPO 3
Apegado

> *"Essa foi a primeira roupa que minha filha usou."*
> *"Esse vestido não cabe mais, mas ele me lembra um momento especial."*
> *"Minha amiga me trouxe essa lembrança de viagem, preciso guardar."*
> *"Olha essa caixa com as cartas que guardei da minha adolescência."*

Estávamos no meio da triagem das roupas, uma montanha de peças diversas em cima da cama, enquanto a Lara escolhia cada uma que deveria voltar para o armário.

Ela pegou cuidadosamente um vestido tamanho 34 (hoje, suas roupas eram tamanho 38) e, com um olhar nostálgico, lembrou:

— Usei esse vestido no primeiro encontro com meu marido. Lembro até a mesa do restaurante em que estávamos sentados.

Ela sorriu e devolveu o vestido para o guarda-roupa.

— Lara, você pensa em usá-lo? — perguntei.

— Não, ele já não me serve mais, mas eu tenho tanto carinho por ele. Não estou pronta para me desfazer. Quero guardá-lo.

— Claro! Vamos então colocá-lo na pilha dos itens sentimentais. — sugeri.

O vestido foi colocado no cesto dos itens sentimentais, e retomamos a triagem. Algumas peças depois, Lara pegou uma malha de tricô. Abriu-a na altura dos seus olhos, girou a malha para todos os lados, com um semblante de desgosto por aquela peça.

— Não sei o que fazer agora, eu não gosto dessa malha... a cor... não sei... sinto que não me cai bem. Mas minha avó fez com tanto carinho para mim. Não posso me desfazer dela. Vai para a pilha dos itens sentimentais.

A peça seguinte da triagem foi desafiadora mais uma vez:

— Esse lenço eu trouxe de uma viagem! Eu o comprei na Turquia, estávamos viajando de férias. Meu marido não gosta muito dele, e por isso acabo usando muito pouco... acho que vou deixar na pilha dos sentimentais.

Item após item, fui notando que a pilha dos sentimentais só crescia, enquanto a pilha do desapego se mantinha com três peças.

Notei que a Lara tinha um grande apego pelas roupas e certa culpa ao lidar com elas.

Esse comportamento é bastante frequente, e o nomeei como o tipo 3: o apegado, aquele que transfere o sentimento para os seus pertences.

Percebo que este tipo possui um carinho pelas suas coisas. Mas, por trás desse comportamento, existe uma insegurança muito grande.

As pessoas com esse perfil acabam transferindo as lembranças e os sentimentos para os itens materiais e cristalizam as memórias no objeto. Elas se sentem presas às suas coisas e, muitas vezes, trazem consigo um sentimento de culpa. Quando precisam se desfazer de algum item, sentem que estão ferindo o sentimento de alguém ou até apagando parte da sua história.

Ter um pouco de apego é saudável. Os itens sentimentais são extremamente importantes na nossa vida e têm o poder de nos preencher de lembranças, de reviver momentos e pessoas.

Muito além das roupas, esses pertences contam a nossa história, são o nosso tesouro, nossas memórias, experiências. Podem ser fotos, livros, itens de decoração, desenhos, cartas, álbuns, acessórios ou qualquer item que remeta a um sentimento feliz, um momento inesquecível ou uma pessoa especial. Ter apego às nossas coisas é ter essa conexão.

O que acontece comumente com esse tipo é que ele acaba usando essa categoria como uma muleta para tudo aquilo com que não quer lidar ou confrontar, sobre o qual não consegue decidir o que fazer. É mais fácil simplesmente deixar guardado. Muitas vezes acaba guardando por culpa, para não magoar alguém ou porque acredita que precisa manter algo já que lhe foi dado com carinho, mesmo que não goste e não pretenda usar.

Cada um de seus pertences lembra uma pessoa, um lugar, um momento.

> **Por vezes esse tipo acaba guardando itens que considera como sentimentais, ainda que não lhe tragam bons sentimentos e recordações.**

Ele tem dificuldade com o passado e carrega certa nostalgia consigo. Em geral, não consegue dissociar o item da pessoa, do momento ou da lembrança; então, mesmo que não o utilize ou não goste daquilo, ele se sente obrigado a manter.

Se você se identificou com o tipo 3, saiba que o desapego pode e deve ser aprendido e praticado. Ele pode ser leve e gostoso. Você precisa fortalecer seu "músculo das escolhas", para conseguir ser mais verdadeiro e consciente do que realmente quer manter. Para isso, é preciso começar a praticar com itens mais fáceis para você, com menor envolvimento, e, aos poucos, ir treinando nas categorias mais difíceis.

Durante o processo, tenha em mente que não se trata de desapegar, mas de aprender a escolher o que você quer manter. Isso sempre vai tirar um peso e trazer leveza a suas decisões. E a beleza disso é ir se conhecendo e entendendo o que faz sentido guardar, o que te representa, que te faz bem e feliz!

Um outro lembrete importante é saber que

> **todo presente que você ganha cumpre seu papel no momento em que lhe é dado.**

Eu era tão apegada a presentes que tinha até dificuldade em trocar algo quando não gostava ou não servia, para não magoar a pessoa que havia me dado. *"Melhor guardar e nunca usar do que fazer essa desfeita de trocar e admitir que não gostei"*, eu pensava.

Todo o carinho que a pessoa teve ao comprar algo, ao escrever um cartão, ao fazer uma lembrança é efetivado na hora em que se presenteia. Depois disso, o direcionamento não diz mais respeito à pessoa que lhe deu.

Não é preciso avisar à pessoa que lhe presenteou qual será o encaminhamento que você dará, seja trocar por outro item, pegar outro tamanho ou repassar para outra pessoa; isso pode gerar desconforto ou magoar o presenteador.

O gesto de agradecimento está na sua atitude ao receber o presente, e não na utilização dele.

Ao entender isso, passei a desvincular o amor de quem me presenteou o item recebido, e com isso a culpa e a penitência de manter algo que não gostei despareceram.

Aprender a ter mais desapego com os itens materiais vai te trazer mais segurança, liberdade, menos culpa e mais assertividade!

Você reconhecerá com maior clareza quais são os seus itens sentimentais, e eles poderão cumprir o verdadeiro papel na sua vida.

Como guardar os itens sentimentais

Este adendo é importante para os apegados e para não apegados também!

Um erro muito comum que vejo com grande frequência é a forma como as pessoas armazenam seus itens sentimentais.

Certa vez, no meio de uma sessão com a Daniela, encontramos nas gavetas do seu guarda-roupa algumas roupinhas de bebê.

— São os vestidos das minhas filhas. Usamos no batizado — ela me contou. — São lindos, né?!

— Realmente são lindos, Daniela. Não acho que devam ficar aqui jogados na sua gaveta de uso diário. Precisamos guardá-los corretamente, junto com seus itens sentimentais.

— Faz todo o sentido — ela me disse.

Nesse momento, foi até o quarto das filhas e abriu o armário superior, onde ficava um maleiro. À direita da mala havia uma grande caixa cinza. Ela a abriu e, em um arremesso, jogou os vestidos lá dentro.

— Pronto, agora sim! Estão junto com os meus itens sentimentais. Existe uma piada sobre sogras que diz que "ela não pode morar tão perto a ponto de vir a sua casa de chinelo, nem tão longe que venha de malas".

Com a importante ressalva de que eu e minha sogra temos uma relação incrível e nos damos muito bem, sempre respeitando o espaço uma da outra, faço uma correlação da brincadeira com nossos itens sentimentais para te ajudar a compreender.

O item sentimental não deve estar tão perto de você a ponto de atrapalhar na hora de pegar suas coisas do dia a dia. Não deve ser guardado, por exemplo, em uma gaveta da sua cômoda. Mas ele também não pode estar tão longe que dificulte o acesso a ponto de você não o ver, como no fundo de um maleiro.

O sentido de guardar um item sentimental é nos preencher, nos conectar. É sobre trazer emoções positivas, relembrar momentos e pessoas queridas. Se eles são tão valiosos, qual o sentido de deixá-los escondidos e esquecidos no fundo de um armário? Por isso, vale esse equilíbrio de deixá-los próximos, fáceis de visualizar e usar, mas não tão próximos que atrapalhem seus itens de uso cotidiano. A não ser, claro, que você utilize um item sentimental no seu dia a dia! Inclusive eu adoro quando conseguimos dar uso para eles no nosso cotidiano. Nesse caso, ele pode e deve ficar ao seu alcance!

Não deixe de curti-los e honrá-los; afinal, eles são a sua história.

TIPO 4
Ventania

"Um segundo, só vou colocar a roupa para lavar."
"Enquanto eu organizo, vou só fazer um telefonema."
"Não me lembro onde deixei."

Na sessão com a Beth, assim que começamos a tirar as roupas do armário para dar início à organização, ela se lembrou das roupas que estavam no cesto de roupa suja. Ela me pediu alguns minutos.

— Beth, não precisa trazer as roupas sujas. Deixe no cesto e depois você replica a lógica da triagem com elas.

— Não vou pegar, só lembrei que preciso colocá-las para lavar.

Ela foi até a área de serviço carregando o cesto, agora já bem cheio com as demais roupas que foi pegando pela casa, e colocou na máquina de lavar.

No caminho de volta até o quarto, lembrou que faltou descongelar a comida do almoço, então voltou para a cozinha para fazê-lo. Por fim, me pediu mais três minutos, pois havia começado a guardar uns papéis na sua mesa de cabeceira, mas não finalizou por ter ido preparar os filhos para irem à escola. Papéis guardados, voltamos à nossa sessão.

Observei na Beth um comportamento que por vezes eu repetia em casa. Essa urgência em resolver as coisas, mesmo sem finalizar o que eu estava fazendo antes.

> **A ansiedade no excesso de tarefas da casa me fazia começar tudo ao mesmo tempo, e eu acabava sempre com aquela sensação de que não fiz nada direito ou ficou tudo meio inacabado.**

Percebi um perfil de clientes que tinha muita dificuldade em focar na sessão de organização. Para eles, era um desafio estar em casa e não "aproveitar" esse tempo para ir adiantando outras tarefas.

E assim nomeei o tipo 4 de ventania: aquela pessoa que começa a fazer muitas coisas ao mesmo tempo, não encerra os ciclos, e tudo vai ficando sem finalizar, muitas vezes fora do lugar.

Esse tipo acredita que, para conseguir fazer mais, precisa fazer muitas coisas ao mesmo tempo. Sem perceber, acaba se atrapalhando em meio a tantas tarefas e perdendo tempo em vez de otimizá-lo. Em geral, tem a crença de que ser multitarefa ajuda a produzir mais, no entanto nem sempre é o que acontece. Na maioria das vezes, além de ser improdutivo, ainda age sob estresse contínuo e falta de foco.

Seja na organização da casa, nas atividades do dia a dia ou até na rotina profissional, a sensação que ele tem é de estar sempre ocupado, com uma lista de atividades pendentes em sua cabeça. Ficar parado ou ocioso pode lhe gerar uma sensação negativa, de que está perdendo tempo ou de que poderia adiantar alguma tarefa.

Se você sente que está em uma fase ventania, esteja mais atento às atividades que faz. Procure concluir o que está fazendo antes de começar uma nova atividade!

Quando a pandemia da covid-19 começou, tivemos um grande lockdown, e os primeiros meses foram desafiadores. Fomos obrigados a readaptar completamente nossas rotinas e forçados a reaprender a fazer tudo enquanto toda a dinâmica familiar acontecia.

Além do medo, da insegurança e da incerteza que eu sentia perante toda aquela situação, o desgaste físico e emocional proveniente da sobrecarga de tarefas estava me levando à beira de uma exaustão.

Eu começava a trabalhar, ia ajudar meus filhos na aula on-line, ao mesmo tempo que preparava o almoço e já ia colocando as roupas na máquina de lavar. Arrumava a casa fazendo ligação de trabalho e, no meio disso tudo, era interrompida para atender as crianças com problemas no computador no meio da aula.

Percebi que com frequência estava esquecendo a roupa lavada na máquina, a água fervendo no fogão, a comida queimando no forno. Devido às interrupções, muitas tarefas ficavam inacabadas e quase sempre as coisas ficavam fora do lugar.

Foi um momento de muito aprendizado, quando comecei a repensar e reestruturar minha rotina e meus hábitos.

A principal mudança foi a de evitar começar a fazer muitas coisas ao mesmo tempo. Eu me policiava para começar uma nova atividade só quando a anterior estivesse concluída.

Comecei a identificar quais tarefas poderiam ser feitas no automático e quais demandariam mais atenção. As tarefas automáticas podiam ser casadas com outras, enquanto as de atenção plena deveriam ser feitas individualmente. Fora isso, foi importante definir os momentos de cada uma das atividades, criando blocos de tempo para cada uma delas.

Esse foi o remédio para suavizar o comportamento ventania que fazia com que as atividades ficassem todas pela metade e as coisas fora do lugar.

Essa sensação de que você começou várias tarefas e ficou tudo sem concluir drena sua energia e tira seu foco e sua produtividade.

O tipo 4 tende a ser bastante realizador, mas, por querer executar tudo ao mesmo tempo, acaba se perdendo.

Se você tem essa tendência, perceba que faz um esforço maior do que o necessário para conseguir focar e produzir com maior agilidade e provavelmente sente muita dificuldade em fazer menos. O descanso e o relaxamento podem ser grandes desafios.

Aprender a lidar com o efeito ventania traz paz para a rotina e reduz muito a ansiedade. Conseguir concluir as tarefas e direcionar sua atenção o torna mais produtivo e assertivo, e isso contribui diretamente na sua organização.

Não é sobre fazer mais, e sim sobre fazer melhor!

TIPO 5
Rebatedor

> "Meu marido não me ajuda."
> "Minha esposa tem muita coisa."
> "Minha casa tem pouco espaço."
> "Eu não tenho tempo para organizar."
> "Impossível manter uma casa organizada com crianças."

Algumas das coisas que eu mais ouço nas minhas redes sociais são que as pessoas não têm tempo de organizar, as casas não têm armários suficientes ou apropriados para o armazenamento dos objetos, os maridos são bagunceiros, as esposas têm muita roupa, os filhos não devolvem os itens para o lugar, e por aí vai...

Confesso que também passei anos culpando os fatores externos pela bagunça instalada em minha casa.

Primeiro culpei meus pais, que não sabiam organizar. Quando me casei, a culpa foi diretamente transferida para meu marido, que parecia não compreender que as coisas da casa não tinham pernas para voltar sozinhas para o lugar. Até que vieram os filhos, e o que já estava bagunçado só foi ladeira abaixo. Agora eu tinha um culpado ainda mais convincente: as crianças.

"Como ter a casa organizada com filhos? Impossível. Só vai dar certo quando eles crescerem e tiverem a casa deles. Aí, sim, poderei retomar a ordem", eu pensava na época.

Além disso, eu não tinha tempo para organizar, os espaços da minha casa não contribuíam para a eficiência da organização, e os bons organizadores eram muito caros. E assim, de culpado em culpado, eu rebatia a responsabilidade pela minha falta de organização.

Durante meus atendimentos, estive em diversos tribunais dos culpados pela bagunça. Era um tal de rebater a culpa para o outro morador e levantar as falhas de cada um perante a organização...

Foi assim que surgiu o tipo 5, que chamei de rebatedor. É aquele que transfere a "culpa" da bagunça para fatores externos e outras pessoas.

A responsabilidade pela bagunça ou falta de organização é sempre do outro: pode ser pai, mãe, irmão, filho, colega de quarto, e por aí vai. Mesmo que a responsabilidade seja dividida entre os demais moradores da casa, em geral o rebatedor acaba não assumindo sua parte nesse contexto. A falta do tempo ou dos recursos que a pessoa acredita que seriam necessários também pode se tornar um empecilho.

O fato é que muitas dessas desculpas são verdadeiras e existe um desafio real.

Muitas vezes até existe uma sobrecarga que acaba recaindo sobre o rebatedor, e ele, por não saber dividir as responsabilidades, acaba por transferi-las inadvertidamente.

> **O problema dessa transferência é que você fica impossibilitado de fazer uma mudança, pois ela está fora do seu controle.**

Em geral, essa pessoa acaba frustrada e sem ferramentas para sair de uma situação que a incomoda.

Há diversas configurações de pessoas que dividem a mesma casa, entre elas: familiares, conhecidos, amigos e relacionamentos amorosos. Cada uma cria um método para fazer a divisão das tarefas. Não há certo e errado, dado que isso deve ser conversado e avaliado dentro de cada contexto, de forma que a distribuição de tarefas e reponsabilidades esteja de acordo com a vontade, a possibilidade e a necessidade de cada um. Historicamente, essa carga recai muito sobre as mulheres. No entanto, é possível que haja um desequilíbrio em qualquer uma das partes – filhos, colegas de quarto, companheiros – e portanto, se houver incômodo com a bagunça, uma parte rebaterá o problema para outra. O ponto aqui é apresentar uma opção em que, em vez de apontar o culpado, todos possam ser envolvidos na solução.

Imagine uma família com dois filhos adolescentes que deixam suas coisas sempre espalhadas pela casa. Os pais naturalmente vão culpá-los pela desordem, com razão. Só que fazer isso não resolverá o problema, somente gerará mais conflitos dentro de casa. Para que os pais consigam encontrar uma solução, eles precisarão se enxergar como parte da situação e buscar formas de envolver os filhos no problema. Será necessário deixar claro para eles as regras e os combinados da casa para que a dinâmica funcione melhor.

> **É verdade que, em uma situação que envolve mais pessoas, todos têm responsabilidade, e, no quesito organização da casa, o envolvimento de todos faz muita diferença.**

A ideia aqui não é isentar alguém do problema, e sim trazer o diálogo para buscar soluções, em vez de procurar culpados.

O Rodrigo me procurou há alguns anos, reclamando que sua esposa era muito bagunceira. De fato, a Juliana tinha uma grande dificuldade para se organizar, mas ele, por ter um pouco mais de conhecimento de organização, acabava por jogar toda a responsabilidade da bagunça da casa nas costas dela. Com isso, a relação deles com a organização transitava entre julgamentos e palavras insultuosas.

A Juliana, por sua vez, sentia-se injustiçada, pois o Rodrigo tinha o hábito de se isentar de algumas tarefas da casa e jogava muitas responsabilidades para ela. Era uma daquelas situações em que você se sente em um beco sem saída.

Entre julgamentos e discussões, um diálogo maduro e algumas sessões de organização, conseguimos reajustar e direcionar essa situação.

— Em vez de encontrar culpados e rebater a culpa, por que não olhamos os pontos positivos de cada um e aprendemos com eles? Assim vocês podem se ajudar e não se atacar. Podemos aproveitar o jeito do Rodrigo de armazenar e ensinar a Juliana. Pegar os bons hábitos da Juliana e ensinar o Rodrigo. Vamos fazer a triagem dos pertences de cada um, mas, para que haja harmonia e organização, será preciso mudar essa mentalidade de rebatedor para um comportamento resolutivo.

Trabalhei algumas sessões com cada um e notei, ao longo das semanas, um grande avanço na relação. Sei que estão juntos até hoje e que a bagunça deixou de ser um problema na relação, e o mais bacana é que essa atitude melhorou outras áreas do relacionamento deles.

Fazer uma mudança exige autoconhecimento e uma vontade muito grande de se transformar. Se mudar a si próprio já é desafiador, quem dirá mudar o próximo. Toda e qualquer mudança de algo que nos incomoda deve ser feita dentro de nós.

> **O que precisamos fazer quando estamos no modo rebatedor é buscar mais soluções do que culpados, mais resolução do que julgamento.**

É preciso também respeitar as diferenças e compreender que cada um terá sua forma de lidar com a organização. Algumas pessoas se incomodam mais e outras, menos. Um bom diálogo é sempre válido, além de combinados maduros e acordos recíprocos.

Quando um rebatedor assume sua parte no problema, passa a ter as rédeas nas mãos, dando autonomia para que ele possa criar a sua própria realidade da forma que deseja.

Se falta tempo, como tornar a organização prioridade? Em poucos minutos você consegue devolver seus itens para o lugar, melhorar a organização de uma gaveta ou mesmo arrumar sua própria cama.

> **A percepção de que você precisa ter muito tempo para organizar é equivocada, e, se conseguir dedicar quinze minutos do seu dia para a organização, você já terá um resultado incrível.**

Se você não tem recursos para investir em um organizador, por que não usar uma caixa que você já tem em casa ou até mesmo um pote de sorvete? Se os seus armários não são adequados para o que você quer guardar, por que não adaptar de uma forma que possa funcionar melhor?

Para cada culpado que pode estar atrapalhando a organização, por que não buscar uma solução?

> **Não se trave na busca pelas soluções perfeitas; busque as soluções viáveis.**

TIPO 6
Camuflado

"Onde eu guardei?"
"Minha casa parece organizada."
"Eu demoro a encontrar o que preciso."
"A bagunça me incomoda."

Era um final de semana quando a Tatiana me ligou.

— Nalini, preciso que venha à minha casa. Acabei de assistir a um vídeo seu no YouTube e fiz uma descoberta importante.

Nessa época eu produzia vídeos para meu canal, compartilhando meus aprendizados e experiências relacionados à organização.

Marcamos a nossa primeira sessão para aquela semana. Os dias que se seguiram até a data da sessão me deixaram extremamente intrigada. Qual vídeo será que ela tinha visto? O que será que está acontecendo na casa dela?

O dia chegou, e no horário marcado toquei a campainha. A Tatiana veio me receber à porta.

— Bom dia, Nalini, seja bem-vinda.

Entrei na casa, e era quase como uma foto tirada diretamente das revistas de decoração.

Os sofás com as almofadas milimetricamente dispostas. A mesa de centro com alguns livros e lindas peças de decoração. Aquela mesa de jantar imensa, sem nenhum objeto fora de lugar. Uma linda vista pelo janelão que dava na varanda. Flores impecáveis e nenhum objeto solto pela casa. Uau! Minha curiosidade só aumentava.

— Tatiana, o que está te incomodando na sua organização? Como posso te ajudar? — perguntei.

Nesse momento, sem falar nenhuma palavra, ela se encaminhou em direção à porta de entrada da casa e parou em frente a um daqueles armários de casacos, bolsas e acessórios que servem de suporte a quem chega da rua. Para minha surpresa, o que encontrei ali foi um grande esconderijo de bagunça. Dezenas de roupas, brinquedos, calçados, materiais escolares, dentre outras categorias.

Naquele momento me visualizei na cena do episódio de *Friends*, quando a Monica Geller, conhecida por ser maníaca por organização e limpeza, proíbe o marido de olhar um armário que fica trancado, perto do banheiro do apartamento em que moram. Ao desobedecê-la, o que ele encontra ali é um esconderijo bagunçado e abarrotado de coisas fora de lugar.

Conforme andávamos pela casa, minha cliente abria armários e gavetas e aquela cena ia se repetindo: os espaços cheios e muitas coisas colocadas aleatoriamente.

— Sabe, Nalini, a bagunça sempre me incomodou. Desde que me casei, especialmente depois que tive minha filha, as coisas espalhadas pela casa me tiravam o sono. Eu adoro ver a casa arrumada e sempre tive o hábito de devolver tudo para o lugar. Sempre me achei organizada, e as pessoas elogiam quando vêm à minha casa. Mas tinha algo que me incomodava, e eu não sabia o que era. Até que, nesse final de semana, assisti ao seu vídeo sobre a diferença entre guardar e organizar, e percebi que nunca realmente organizei a casa. Eu tiro a bagunça da frente, mas sem nenhuma estratégia, sem lugar certo para guardar. Já comprei dezenas de caixas e vou jogando tudo dentro. Com isso, fica tudo muito difícil de ser encontrado. Fora que os armários estão cheios demais e as caixas de armazenamento parecem sempre reviradas de itens aleatórios.

Abracei-a e, com um sorriso tranquilizador, pude explicar que esse erro era muito comum. Não precisava ficar constrangida e envergonhada, pois era um problema fácil de ser resolvido.

Quando a bagunça nos incomoda, tirá-la da frente é o passo mais fácil; portanto, a tendência natural é guardar o item, mesmo que de forma aleatória e desordenada.

Chamei esse tipo 6 de camuflado.

> **O camuflado é aquela pessoa que "esconde a bagunça" e só fica mudando-a de lugar.**

Geralmente se incomoda com a bagunça, sai recolhendo tudo e guarda em uma gaveta ou armário, sem que esteja necessariamente no local correto. Acredita que essa atitude já resolve grande parte do problema.

Ela sente bem-estar quando seu ambiente está arrumado, percebe que fica mais produtiva e por isso busca alternativas para organizar. Ainda assim, é comum que se sinta uma fraude quando o tema é organização, tentando passar a imagem de uma pessoa organizada quando na verdade sabe que seus armários estão lotados de bagunça.

Em geral também falta conhecimento de como fazer a organização da forma correta. Por isso, tirar da frente acaba sendo uma forma de resolver o problema de maneira mais imediatista.

Nesse comportamento, a pessoa acredita que a bagunça escondida não afeta diretamente a sua vida, mas acontece justamente o contrário. Quando ela esconde a bagunça, geralmente piora o cenário, dificultando ainda mais a organização.

Ela demora para encontrar os pertences e muitas vezes acaba perdendo itens dentro desses esconderijos de bagunça. Além disso, a bagunça é como uma pendência em aberto na sua cabeça e, mesmo que você não a veja, ela está afetando a sua vida, consumindo e drenando a sua energia.

Nos Estados Unidos, é comum usar a palavra "*clutter*" para se referir à bagunça. Sempre achei interessante que, quando eles vão organizar a casa, no lugar de usar a palavra "*organize*" eles costumam utilizar o termo "*declutter*", que traduzido literalmente seria algo como "desbagunçar" ou "destralhar".

"*Clutter*" tem origem na palavra "*clot*", que significa coágulo. O coágulo, por sua vez, de forma bastante leiga, é uma parte do sangue que se solidifica formando uma barreira para impedir a perda de sangue. De certa forma, é uma trava que impede que o sangue flua.

> **Trazendo para nosso contexto de organização, a bagunça é como um coágulo que não deixa a energia fluir, travando algumas áreas da nossa vida.**

Percebo em vários processos de organização que, durante a triagem das categorias, na retirada de itens que não fazem mais sentido, alguns bloqueios na vida dos clientes desaparecem e aquela área de sua vida que estava travada volta a fluir. É como se tivéssemos tirado aquele impeditivo e agora tudo caminhasse naturalmente.

As coisas paradas e não usadas que mantemos dentro de casa, mesmo que bem guardadas, pioram essa trava e nos levam à estagnação. Fazer essa movimentação com os pertences, além de organizar, é destravar áreas bloqueadas na sua vida.

E por isso é tão importante lidar com a bagunça e não apenas escondê-la. Guardar a bagunça dentro de gavetas, armários ou caixas é como varrer sua casa e jogar a sujeira para debaixo do tapete. Você não eliminou a sujeira, só a mudou de lugar. Ela continua lá.

Organizar é justamente o processo de encarar os pertences e direcioná-los da forma correta, sem que fiquem escondidos ou amontoados.

Na sua próxima organização, escolha a categoria que vai organizar e esvazie o local onde ela está guardada. Veja o espaço vazio antes de recomeçar o armazenamento. Quando tiramos tudo do local, temos a oportunidade de parar de remendar a organização e recomeçar corretamente. Isso o ajudará a eliminar os esconderijos de bagunça.

Dê atenção ao processo de triagem e elimine tudo o que não faz mais sentido. A partir daí, foque em fazer um armazenamento criterioso para que cada item tenha seu próprio endereço.

Saiba que tomar essa iniciativa e encarar a bagunça trará impactos muito positivos não só para a sua organização, mas também para a sua vida.

TIPO 7
Preguiçoso

"Eu me encontro na minha bagunça."
"Pra que arrumar a cama se à noite vai bagunçar?"
"Nem precisa tirar a toalha da mesa, deixa para usar na próxima refeição."
"Para que desfazer a mala se já vou usar?"

Conheci a Denise em um hotel em que eu passava as férias com minha família. Quando comentei que era *personal organizer*, ela já marcou uma sessão para assim que voltássemos da viagem. Ao chegar para atendê-la, fui recebida com um abraço caloroso e muita animação para uma sessão de organização das roupas.

No seu quarto, havia apenas a cama e o guarda-roupas. Antes de começarmos a tirar tudo, perguntei se poderíamos arrumar a cama e abrir a janela.

— Claro! Eu acabo não arrumando pois moro sozinha e à noite, quando for dormir, vai bagunçar novamente.

— Sem problema, a gente resolve isso em dois minutos. Você vai ver como o quarto já muda.

Abrimos a janela e fizemos a cama. A primeira reação dela foi dizer:

— Uau! Realmente já faz uma diferença!

Assim que abrimos o guarda-roupa, levei um susto! Havia uma montanha de roupas no "esconderijo" entre o pendurador e as gavetas.

— Vamos tirar tudo do armário e, conforme fizermos a triagem, vamos devolvendo as peças com uma organização que funcione bem para você.

— Combinado! — E ela continuou: — Nalini, essas peças que estão jogadas aqui são roupas que eu usei e não estão sujas. Para não precisar guardar, já que estão usadas, acho mais prático deixá-las na prateleira... O problema é que elas acabam ficando muito amassadas... Acho que dessa forma não está funcionando muito bem.

— Denise, se a roupa foi usada, mas está limpa, deve voltar ao seu lugar no armário. Se está suja, deve ir para o cesto de roupa suja. O que acontece quando criamos um local "intermediário" de roupas limpas usadas é que elas acabam amontoadas, e o que estava limpo acaba amassado e às vezes até sujo. O que eu sugiro é deixar a roupa usada tomando um ar antes de devolver para seu endereço e logo retorná-la a seu lugar.

— Eu tenho tanta dificuldade de devolver as coisas para o lugar! — ela admitiu. — Minha família mora em outra cidade e viajo bastante para vê-los. Quando volto de viagem, às vezes a mala fica feita por semanas. Fora isso, vivo perdendo coisas pela casa, pois esqueço de levar de volta para o lugar e depois esqueço onde deixei. Será que eu consigo melhorar isso?

Assim como a Denise, identifiquei várias outras clientes e alunas com um comportamento semelhante, com essa dificuldade em devolver os pertences para o lugar, e a esse tipo 7 dei o nome de preguiçoso.

Aqui não estamos falando de uma pessoa preguiçosa na vida, até porque, lembre-se, a ideia não é criar rótulos, e sim nomear o que está acontecendo na sua organização.

Esse tipo sente que o trabalho com a organização é quase infinito e prefere poupar sua energia para outras tarefas que considera mais importantes. Para conseguir conviver com a bagunça, ele acaba se acostumando e deixa de olhar para o problema. Convive bem em um ambiente bagunçado e em geral acredita que consegue se encontrar na própria bagunça.

O tipo preguiçoso pode ter essa atitude por pura preguiça, claro, mas existem outros fatores por trás desse comportamento.

Existe aquele que não devolve as coisas por uma questão de hábito: ele não foi acostumado a devolver. Talvez, por muito tempo tenha tido alguém que fizesse isso por ele, cresceu em uma família em que não era envolvido nessa tarefa e por isso não está familiarizado com essa questão.

Há também aquele que tem crença de poupar o tempo.

"Para que guardar o carregador se mais tarde vou usar para carregar meu celular?? Mais fácil deixá-lo na tomada. E o controle remoto da TV? Nem precisa guardar. Melhor deixar no sofá, que fica mais fácil quando for ligar a televisão! Para que tirar as coisas da bolsa se amanhã já vou usá-la?"

Esse último questionamento era inclusive uma crença que eu mesma tinha, e por isso não desafazia minhas bolsas e mochilas para ganhar tempo. Acontece que, em geral, dentro delas guardamos três tipos de itens: aqueles que costumamos usar somente fora de casa, e nesse caso podem se manter dentro da bolsa (como a carteira, por exemplo); aqueles de duplo aproveitamento, que usamos tanto fora de casa quanto dentro (como um carregador de celular, chave, ou casaco); e, por último, os itens de transição, que trazemos de fora para dentro de casa. Nas duas últimas situações, precisamos de uma atenção especial. No caso dos itens que usamos dentro e fora de casa, sugiro que você use uma caixa ou uma bandeja pequenas para colocar esses itens, de forma que não fiquem "soltos" pela casa (deixe essa bandeja próxima do lugar onde você coloca a bolsa ou a mochila. E, se ainda não tem um endereço para guardá-la, providencie isso agora!).

Os itens de transição são os que demandam mais atenção, visto que precisam ser direcionados para algum lugar específico da casa para não ficarem se acumulando desnecessariamente. Panfletos, notas, comprovantes e papéis em geral muitas vezes podem ser descartados imediatamente. Os itens que devem ficar em casa precisam ser direcionados para o endereço correto (a compra de um remédio, por exemplo. Já direcione o item para junto da categoria dele). Isso, pode parecer uma perda de tempo, mas te garanto, pode te poupar de muitas horas procurando onde você deixou um item de transição.

O tipo preguiçoso tem uma falsa sensação de praticidade, já que, na maior parte das vezes, o fato de não fazer as coisas ou devolver um item para o lugar pode gerar retrabalho, perda de tempo e brigas dentro de casa.

Muitas vezes esses comportamentos só acontecem no que se refere aos itens da casa da pessoa. Quando está em outros ambientes, ela se envolve mais nas tarefas. O que precisa ser identificado é qual o motivo para esse "abrir mão" do envolvimento com a casa, pois pode prejudicar a si mesma e aos demais moradores.

Se você se identificou com esse tipo, avalie com sinceridade qual o seu motivo para não devolver as coisas para o lugar: é por pura preguiça? Você ainda não tem esse hábito? Acredita que está ganhando tempo?

Independentemente de qual for o motivo que leve a esse comportamento, mudá-lo exige apenas um pouco de comprometimento.

Por exemplo, a Mel, uma de minhas alunas, se queixava do trabalho interminável que é recolher as coisas da casa e devolvê-las para o lugar e, de fato, eu entendo e concordo que muitas vezes pode ser cansativo. Fui bastante franca com ela:

— Seus objetos não têm pernas, não tem como eles voltarem sozinhos para o lugar.

Acontece que é como escovar os dentes. Sempre que você come, o ideal é escovar os dentes depois. Se você ficar alguns dias se alimentando sem fazer a higiene bucal, com certeza muita sujeira vai se acumular e, além de mais difícil de limpar, é possível que você tenha cáries, e aí o tratamento é bem mais doloroso.

Com a organização, também é preciso ter a manutenção constante, o famoso "usou, guardou". Às vezes até acumula um pouco, mas, quanto mais você demora a devolver os itens para o lugar, mais difícil fica retomar o controle.

Caso tenha identificado seu momento com o comportamento do tipo preguiçoso, atente-se para algumas questões: Se você mora com mais gente, precisa distribuir a tarefa entre todos os moradores. Cada um tem que ser responsável por cuidar de seus pertences e guardá-los, para não sobrecarregar ninguém. É preciso diálogo e combinados para fazer funcionar.

Facilite seus sistemas de organização. Deixe as coisas de uso rotineiro em acessos mais fáceis. Procure guardar as coisas próximas do local onde você as usa, facilite a sua vida.

E, por último, mantenha na sua casa apenas aquilo de que você gosta e que utiliza. Isso ajuda a reduzir a quantidade de itens dos quais cuidar, e de itens soltos circulando pela casa. E saiba que haverá dias em que a preguiça vai dominá-lo e algumas coisas ficarão acumuladas. Quando estou muito cansada, não me incomodo em dormir com a louça suja na pia ou com as coisas espalhadas pela casa. Existem os dias em que as crianças estão brincando com brinquedos maiores e os deixam montados por dias sem guardar. Mas logo retomamos a organização.

É possível e até saudável ter os momentos de preguiça, em que você se permite deixar bagunçado, especialmente quando sabe que consegue retomar com tranquilidade o controle.

E como dizem por aí : "Eu prefiro escolher uma pessoa preguiçosa para fazer um trabalho difícil, pois ela encontrará uma forma fácil de fazê-lo".

Busque a sua forma de se colocar em ação, uma que fique confortável e leve, para que assim você consiga fazer o que precisa ser feito.

TIPO 8
Terceirizador

"Eu detesto organizar."
"Não tenho tempo de organizar."
"Prefiro que alguém organize por mim."

Certa vez uma amiga me encontrou e, um pouco sem jeito, tentando se explicar, começou a falar sem parar:

— Sabe, Nalini, eu adoro seu trabalho, amo te acompanhar, adoro suas dicas, mas detesto organizar minha casa. Eu não sei se deveria te falar isso, mas eu desisti de tentar organizar. Contratei uma pessoa que vem a cada quinze dias e dá um tapa geral, deixa tudo bonitinho e resolve a minha vida.

Senti até um alívio por ela me contar isso, pois gosto dessa transparência.

— Fico feliz que tenha me contado. E quero te tranquilizar que não vou te julgar nem apontar o dedo para sua atitude. Você não precisa se envergonhar ou se culpar por isso. Encontrou um caminho que funciona para você, e está tudo bem. Se você pode arcar com esse formato, se sente tranquila e funciona bem na sua casa, por que não?

Eu gosto de ensinar as pessoas a organizarem para que elas tenham autonomia e consigam manter a organização da forma que funciona melhor para elas. Mas vejo muita gente que não quer assumir essa tarefa e prefere terceirizar.

Esse é o tipo 8, que chamei de terceirizador. É a pessoa que não quer lidar com a organização e deixa para os outros resolverem por ela, podendo ser alguém da família, um funcionário, um profissional da área ou outro morador. Em geral, ela não tem tempo e muitas vezes desconhece as ferramentas, acreditando ser mais prático e eficiente que façam isso por ela. Isso nem sempre pode funcionar.

Esse tipo gosta de ter seus ambientes organizados e se incomoda com a bagunça. Em geral são pessoas dinâmicas, proativas e resolutivas. Reconhecem que não querem dedicar seu tempo a aprender a organizar e preferem encontrar alguém que possa fazer por elas.

Terceirizar algo pode ser benéfico para nos ajudar a ganhar tempo e eficiência.

> **Contudo, existem algumas situações na vida em que terceirizar pode nos tirar autonomia e aprendizado.**

É preciso identificar o que você precisa realmente naquele momento e se outra pessoa pode fazer por você.

Uma questão importante é o momento em que a terceirização é feita.

A Elisa, quando me procurou, queria terceirizar a organização da sua casa.

— Gostaria que você viesse a cada seis meses reorganizar a casa. Eu te deixo com a chave, tiro todo mundo de lá, e você tem a casa livre para fazer o trabalho. Muita coisa acaba saindo do lugar e preciso que alguém faça essa manutenção.

Expliquei para a Elisa que o meu formato de trabalho era sempre junto com a cliente e o objetivo não era apenas devolver tudo para o lugar, e sim analisar as coisas que faz sentido guardar, avaliar o melhor local e o jeito de armazenar.

— Para que sua organização funcione, o ideal é que você esteja presente no processo de triagem e escolha dos itens que quer manter na sua casa. É importante que avalie junto comigo os seus hábitos para definirmos os melhores locais de armazenamento, e, por fim, conseguirei te ajudar a guardar da melhor forma. Programar uma visita de manutenção, como você deseja, deveria acontecer em um segundo momento: com a lógica da organização funcionando de acordo com seus hábitos e as necessidades da sua família.

No caso da Elisa, depois que fizemos a organização inicial, ficou tão mais fácil de manter a ordem das coisas que não foi preciso voltar para a manutenção: ela mesma, junto com a família, ganhou autonomia para fazer sozinha.

No início da minha carreira, tive a oportunidade de trabalhar em uma grande empresa multinacional e tive uma chefe com a qual aprendi muito. Ela sempre me orientava a conhecer o trabalho como um todo, mesmo que eu não fosse fazê-lo.

— É importante que você entenda do assunto para saber o que quer pedir, seja para a sua equipe ou até mesmo a uma empresa terceirizada. Encontre pessoas que façam o trabalho melhor do que você faria, mas entenda do assunto para saber o que pedir, como pedir e quais resultados esperar — dizia.

Anos depois, comandei uma grande equipe em uma startup e, como gestora do negócio, precisei delegar e terceirizar quase todo o trabalho operacional. Foi quando entendi na prática o que ela queria dizer. Terceirizar ajuda quando você tem o conhecimento do todo, da estratégia e do que precisa ser feito. Com isso, você consegue transferir essa tarefa para alguém que faça melhor do que você, e sobra mais tempo para que você consiga se dedicar à outras atividades.

Funciona assim também na organização da casa. Quanto mais a pessoa entende o processo, melhor ela delega e mais duradouro é o resultado.

TIPO 9
Acumulador

"Melhor eu guardar, caso precise."
"Quem guarda sempre tem."
"Eu perdi o controle."
"Sinto que tenho coisas demais."

Quando cheguei à casa da Marcia, atravessei o portão do jardim e fui andando pelo caminho de pedra que levava até uma grande porta de entrada, onde toquei a campainha.

Ela abriu a porta, saiu da casa e começou a conversar comigo, ainda do lado de fora. Senti uma resistência para que eu entrasse. Assim que começou a se explicar, percebi que havia certo tom de ansiedade na sua fala.

— Estou aqui para te ajudar, e não te julgar. — Falei procurando tranquilizá-la. — Não faremos nada que possa te deixar desconfortável. Pode contar comigo.

Depois disso, aquela grande porta se abriu. Vi um hall de entrada enorme, com um lustre de cristal pendurado no teto e as paredes laterais tomadas por dezenas de caixas e objetos.

Aqueles passos pelo caminho estreito, com sacolas e mais sacolas encostadas na parede, já continham muitas informações.

Todos os espaços da casa estavam tomados por objetos, roupas, brinquedos, caixas, materiais de trabalho e muitos, mas muitos papéis. Pouco se via do chão, quase todo ocupado por móveis, sacolas e outros pertences.

Durante toda a visitação, fui envolvida pelas histórias da Marcia. Já eram quase vinte anos morando na casa, repleta de lembranças boas e outras nem tanto.

Chamou minha atenção a forma como cada um dos seus pertences tinha uma história. Em meio a centenas de adornos, decorações e itens jogados pelos espaços, ela ia pegando alguns nas mãos e me contando suas histórias.

— Essa escultura de argila, meu filho fez quando tinha três anos. Ele agora está com dezessete, já não gosta dela, mas a acho tão especial!

Logo ao lado, uma boneca com o rosto todo manchado, o cabelo cortado e a roupa muito suja.

— Essa boneca era da minha filha. Ela ganhou dos padrinhos quando nasceu. Olho para a boneca e me recordo daquele dia. Sabe, Nalini — ela continuou me contando enquanto andávamos pela casa —, eu sempre gostei de trabalhar e, ao longo desses anos, mudei muitas vezes de profissão. Sou formada em jornalismo, mas desde que meus filhos nasceram fui me reinventando e trabalhando em diversas áreas. O problema é que nunca consigo me desfazer dos itens do trabalho antigo, e hoje tenho um quartinho tomado por centenas de coisas paradas, caso eu queira voltar a atuar em alguma dessas áreas.

Pedi que ela me levasse até esse quartinho e assim que chegamos me deparei com um ateliê que mais parecia um depósito abandonado.

— Aqui, meu sonho era fazer meu escritório — ela me falou com um olhar triste observando todas aquelas sacolas que impediam a movimentação dentro do espaço.

— O quarto é realmente muito bom. O que são essas sacolas? O que você guarda aqui? — perguntei.

Havia uns quinze sacos de lixo gigantes, amarrados por um barbante.

— Aqui tem de tudo. Eu já trabalhei com decoração de festa infantil e guardei aqui todos os cenários e objetos que utilizava. Depois trabalhei com revenda de bijuterias e acabei estocando muitas delas aqui também. Cheguei a trabalhar com brindes personalizados para festas e guardava o que eu recebia para ter novas ideias. Deixo tudo aqui para o caso de um dia vir a precisar.

Ao final daquela visitação, inundada por histórias, sentimentos e emoções que corriam por todos os cômodos daquela casa, a Marcia desabafou:

— Não consigo mais viver assim. Minha casa está à beira de um colapso. Eu não me sinto à vontade para convidar pessoas para virem aqui, sinto falta de ter espaço. A bagunça e esse acúmulo de coisas hoje são pautas de muitas brigas com meu marido, e estamos realmente precisando de ajuda.

Eu estava no lugar certo e sabia que poderia ajudá-la. Já conseguia visualizar aquele espaço sendo esvaziado e o bem-estar que traria de volta à família. Foi um processo longo, cheio de aprendizado, transformação e emoções.

O tipo 9 é o acumulador[1]. Como o próprio nome diz, é quando a pessoa passa a acumular seus pertences de uma forma excessiva.

Trabalhando com clientes e alunas que estavam vivendo esse comportamento naquela fase de sua vida, ficou clara a relação profunda entre os objetos, a sua história e os seus sentimentos. Para esse tipo tudo é importante, pois pode precisar de algo um dia.

O passado conta a sua história, e o presente é marcado pela incerteza do futuro. Acumuladores preenchem sua insegurança guardando tudo e costumam pensar que "quem guarda sempre tem". Sem perceberem, essas pessoas acabam juntando uma grande quantidade de coisas e acumulando cada vez mais.

Esse perfil tem um grande apreço pelas suas coisas e gostaria de ter um cuidado maior com elas. Acontece que a grande quantidade de itens que passa a se acumular dificulta essa atenção. Ele se sente seguro ao saber que mantém tudo por perto e, em geral, não gosta que outras pessoas mexam nas suas coisas. Costuma se encontrar no seu acúmulo e sabe o que guarda e onde.

No entanto, esse é um movimento arriscado. A pessoa acaba se tornando "refém" dos seus próprios pertences. Ela tem uma falsa sensação de controle, mas o excesso atrapalha a sua vida e pode gerar muitos problemas, inclusive nos relacionamentos com os outros moradores da casa ou pessoas com quem convive.

---

1. Vale destacar que, aqui, não estamos falando de acumuladores compulsivos. Existe uma doença que atinge 4% da população mundial e está relacionada a um acúmulo compulsivo proveniente na maioria das vezes de algum trauma. No caso do transtorno de acumulação compulsiva, a pessoa precisa de tratamento médico e acompanhamento de profissionais aptos a lidar com esse transtorno, que pode causar inúmeros danos à saúde do portador e dos demais à sua volta. É preciso lidar com seriedade com essa questão. Aqui no tipo 9 estamos falando de um acúmulo que não chega ao ponto de um transtorno.

Se você se identificou com o tipo 9, atenção: você precisa buscar autoconhecimento e entender a origem desse padrão.

Em uma aula, minha aluna Sandra decidiu expor sua dificuldade e comentou que achava que estava vivendo um momento de acumuladora; tinha muita vergonha de que alguém percebesse que sua casa era, na verdade, um grande amontoado de coisas.

— Eu perdi o controle — ela repetia.

Mesmo através da tela do computador, eu podia ver a angústia e a tristeza estampadas em seus olhos.

— Sandra, eu entendo que não será um caminho fácil, mas é uma jornada possível. Como você guardou muitas coisas ao longo dos anos, será preciso ter paciência, compaixão, empatia e perseverança. Acredito que, junto ao processo de organização, vale a pena fazer uma terapia para ajudá-la no autoconhecimento. Use esse processo como um marco divisor na sua vida, para um momento mais leve, confiante e livre de tantos pertences materiais.

Tempos depois, a Sandra me escreveu contando sua evolução, como esse processo estava sendo importante e quantas coisas caminharam em sua vida depois que ela assumiu essa dificuldade e decidiu encarar de frente. Contou como se sentia mais segura e leve, e como sua casa estava ficando espaçosa e organizada!

— Hoje não sinto mais a necessidade de guardar tudo. Já consigo me desfazer do que não uso mais e estou muito mais consciente na hora de comprar novos itens. Tenho guardado meu dinheiro para viajar e conhecer lugares novos. Estou realmente muito feliz.

Se você sente que pode estar guardando coisas demais, sente-se sufocado com seus pertences, tem dificuldade para se desfazer dos objetos ou continua comprando coisas novas mesmo que já tenha uma quantidade considerável em casa, busque ajuda! Comece um processo de autoconhecimento.

Descobrir a causa dessa insegurança, dessa necessidade de guardar tudo, te trará liberdade – além de espaço e tempo. Você passará a confiar no futuro e abrirá espaço para o novo. Isso trará leveza para sua casa e muito mais praticidade para sua vida.

TIPO 10
Distraído

"Onde foi que eu deixei?"
"Será que eu trouxe isso pra cá?"
"Tomara que eu não tenha jogado no lixo sem querer."

Alguma vez você já guardou o pacote de arroz na geladeira em vez de na despensa ou jogou no lixo uma roupa que na verdade era para ir para o cesto de roupa suja? Já guardou o controle remoto da TV na gaveta de papéis ou perdeu a chave de casa dentro da bolsa?

Pois era isso que acontecia frequentemente na casa da Alice.

Às vezes ela passava horas procurando por algum item e, quando ia ver, tinha deixado em algum local inusitado. Não entendia como podia ser tão bagunceira a ponto de simplesmente devolver as coisas para um lugar completamente errado.

Ela me chamou para ajudar a organizar sua casa, e, durante o processo de organização, ficou claro que os espaços de armazenamento que ela escolhera para guardar as categorias estavam corretos. As panelas estavam na prateleira próxima do fogão; as roupas, bem-dispostas no seu guarda-roupas, os livros, em um gavetão na sala, próximos da poltrona de leitura. Existia uma lógica pensada nos espaços, e isso deveria facilitar sua organização.

Durante a sessão, enquanto estávamos organizando uma grande pilha de papéis, selecionando o que ia para cada pasta, ela encontrou uma carta da sua avó, que já havia falecido.

— Isso não deveria estar aqui nos documentos — ela mesma concluiu, e já a separamos para colocar junto aos itens sentimentais. Nesse meio-tempo, seu celular tocou, e, enquanto ela falava ao telefone, pegou a carta na mão.

No momento em que desligou o telefonema e voltou à nossa sessão, a carta havia desaparecido.

Começamos a procura pela carta, voltando em todos os locais da casa pelos quais Alice havia passado durante a ligação. Para o nosso alívio, a carta havia ficado em cima da sua mesa de cabeceira. No momento em que ela se sentou lá para pegar um objeto, acabou deixando a carta sobre a mesa.

Estava muito claro o tipo de comportamento que a atrapalhava.

Eu já havia conversado com alunas que passavam por esse mesmo desafio e também sentiam que isso interferia diretamente na sua organização.

Chamei esse comportamento de tipo 10, distraído. É aquela pessoa que muitas vezes não está "presente" no momento: seu corpo está lá, mas sua cabeça geralmente está em outro lugar e acaba não prestando muita atenção naquilo que está fazendo. Esse tipo costuma fazer as coisas sem pensar, no automático. Ele arca com diversos pequenos erros acarretados pela sua distração, como não lembrar onde deixou seus pertences, trocar itens de lugar e até jogar fora algo que não deveria ir para o lixo.

Em geral esse perfil tem uma forma mais leve de viver a vida, não se apega a minúcias e não se estressa com facilidade. Costuma se sentir mais avoado, perdido em seus pensamentos e está habituado com essas pequenas confusões. Apesar de querer prestar mais atenção às suas atitudes, ele não se cobra uma mudança radical.

Minha aluna Sabrina me contou que precisou refazer seu passaporte, pois não o encontrou em casa e tinha uma viagem marcada.

— Procurei tanto que cheguei a pensar que havia sido roubada. — Anos depois, no meio de uma limpeza, encontrou-o na prateleira do armário. — Devo ter colocado ali em algum momento de distração, e por lá ficou.

A Natalia, minha cliente, também precisou refazer seus óculos, que havia perdido. Durante a nossa sessão, finalmente foram encontrados: estavam dentro do baú de brinquedos da sua filha.

— Acho que algum dia devo ter guardado os brinquedos e por desatenção joguei meus óculos lá dentro!

Ter atenção plena, estar verdadeiramente conectado ao momento presente são grandes desafios nos dias atuais.

Venho me observando nos últimos anos e notei quanta coisa acabo fazendo de forma distraída, no piloto automático. A vida moderna nos dá tantos estímulos, sejam eles visuais, eletrônicos e de excesso de informações, que desacelerar, sair do automático e estar realmente presente tornaram-se luxos.

Prestar atenção àquilo que estamos fazendo é, além de um exercício, uma grande oportunidade para aproveitar a vida, experimentar as sensações. É um convite para uma experiência de exploração, de foco, de autoconhecimento e descobertas.

E isso reflete positivamente na organização da casa e em todas as demais áreas da vida.

TIPO 11
Consumista

"Eu mereço, eu trabalho tanto."
"Eu preciso disso."
"Essa roupa está faltando no meu armário."

A Isabel estava se mudando e me contratou para ajudar a organizar a casa na mudança. Eram armários novos, vazios, prontos para receber seus pertences.

Enquanto tirávamos os itens das caixas para fazer o armazenamento, fazíamos a triagem, para que assim ela pudesse escolher o que queria manter e separar os itens que já não usava ou de que não gostava mais. A quantidade de roupas ainda não usadas, com etiquetas, me chamou a atenção.

— Isabel, podemos cortar as etiquetas para guardar no armário? — perguntei.

— Claro, seria ótimo!

Enquanto eu cortava as etiquetas, a Isabel começou a me contar o histórico das compras.

— Essa blusinha estava em promoção e comprei logo três, de cores diferentes. Ainda não tive oportunidade de usar, mas valeu muito a pena, o preço estava incrível! — Ah, essa calça é um modelo que eu não tinha. Nunca fui de usar calça de cintura alta, mas vi tantas meninas usando que decidi aderir por aqui também. — Uma saída de piscina! Nem lembrava que tinha comprado essa! Acho que foi para uma viagem que estava programada e acabou não acontecendo. Acredita que nunca usei?

O consumo em si, quando feito de forma consciente e planejada, é bastante prazeroso.

Poder pesquisar algo que você tem vontade ou necessidade de adquirir, planejar a compra, avaliar os preços e finalmente efetivar uma compra assertiva é uma delícia.

No entanto, comecei a perceber nas minhas clientes e alunas, e até na minha experiência pessoal, que o ímpeto de consumir muitas vezes aparecia como uma compensação, uma fuga, um escape. Uma forma de preencher um incômodo ou um vazio emocional com que não sabíamos como lidar.

Lembrei-me da Camila, minha cliente que escondia as sacolas no fundo do closet para que seu marido não as visse. A Fernanda, minha aluna, também me contou que sempre dizia para o marido que sua mãe havia lhe dado uma roupa ou uma bolsa nova, sendo que na realidade ela mesma havia comprado.

Tive uma colega de trabalho, muitos anos atrás, que vivia comprando roupas durante nosso intervalo do almoço. Costumávamos almoçar em um shopping próximo à empresa, e ela trabalhava tanto que vivia repetindo que merecia comprar todas aquelas roupas.

O tipo 11, consumista,[2] é aquele que gosta de comprar e muitas vezes acaba comprando mais do que precisa. Faz compras por impulso e sem planejamento, e sente que sempre está faltando alguma coisa na sua casa ou na sua vida. Mesmo com o armário lotado, vê uma loja em promoção e sente-se tentado a comprar.

Essa pessoa que compra por impulso muitas vezes faz grandes estoques que acaba nem usando. Por vezes usa compras para preencher algum vazio ou premiar seu próprio comportamento: "Estou trabalhando muito, então eu mereço comprar mais um sapato".

Quando a Luana, minha aluna, decidiu organizar sua gaveta de maquiagem, levou um susto. Durante a triagem, percebeu que muitos itens estavam duplicados ou triplicados, alguns ela nem usava mais e a grande maioria dos produtos estava fora da validade.

Ela viajava todo ano a trabalho para o exterior e aproveitava essa oportunidade para comprar suas maquiagens favoritas. Com medo

---

2. Vale destacar que não estamos falando de pessoas que sofrem de oneomania ou Transtorno do Comprar Compulsivo (TCC). Hoje, a Organização Mundial de Saúde (OMS) estima que entre 2% e 8% da população mundial sofra desse transtorno. Nesse caso, é preciso acompanhamento médico e, se necessário, uso de medicamento para ajudar a controlar os impulsos. Mais uma questão que precisa ser tratada com seriedade e respeito. No tipo 11, descrito aqui, abordamos o comportamento que não se manifesta no nível da doença.

de não ter viagem programada, acabava exagerando na compra, o que fez com que acumulasse um grande estoque e gerasse uma dificuldade imensa na hora de usar.

— Tinha tanta maquiagem que eu não me encontrava mais na hora de me maquiar. Era difícil achar o que eu queria em meio a tantas embalagens. Depois de organizar, percebi que não precisava ter comprado tanto.

Já a Daniela, minha cliente, adorava aproveitar as promoções do supermercado. Ficava acompanhando os preços no site e, sempre que o preço abaixava, corria para comprar. Ela me chamou para organizar seu armário da lavanderia, de produtos de limpeza. O armário estava lotado de cima a baixo, já sem espaço para fazer uma organização eficiente, dada a quantidade excessiva de estoque de cada produto.

Quando começamos a triagem, ela me contou que estava planejando fazer um novo armário, para ter mais espaço de estoque, já que os itens não estavam mais cabendo no armário atual.

— Daniela, melhor do que fazer um novo armário para guardar os estoques é ir usando tudo o que você já tem. Somente quando já tiver usado todo o seu estoque, você procura por novas promoções. Sei que às vezes o preço na promoção vale a pena, mas, se você já tem em grande quantidade, fará uma economia ainda maior ao não comprar.

A pessoa consumista sente prazer em consumir, geralmente procura estar atenta a tendências, novidades e oportunidades. Em alguns momentos, pode buscar justificativas para provar a necessidade de suas compras. Em geral cuida bem dos seus pertences e gosta de mantê-los organizados. Só que, quando o consumo se torna excessivo, pode ter dificuldade em manter a organização por falta de espaço.

Existem os consumistas desapegados, que, assim que trazem novos itens para sua casa, já fazem uma triagem para não deixar acumular.

Independentemente se existe ou não apego, nesse comportamento é preciso estar atento para quando o consumo se torna excessivo e impulsivo. A pessoa tem uma sensação de alegria no momento da aquisição, e, em seguida, podem vir à tona sentimentos ruins como culpa, frustração, arrependimento, insegurança e vergonha.

O consumo em excesso é válido para qualquer categoria que você se sente tentado a comprar de forma exagerada. Pode ser um impulso por livros, cremes, itens decorativos, potes para armazenar comida ou até mesmo organizadores. Você pode identificar esse comportamento inclusive para itens não materiais, como cursos on-line ou aplicativos de celular.

Se você percebe que pode estar em uma fase consumista, observe se isso está atrapalhando alguma área da sua vida e procure buscar dentro de você o que está tentando preencher com suas compras.

Procure evitar ao máximo se expor à sua vontade de consumo. Evite frequentar locais que o instigam a consumir, não ande com seu cartão de crédito, ou coloque bloqueio de senha no cartão para que você tenha que pensar ativamente antes de fazer compra — e não tenha medo de pedir ajuda. Sempre que tiver um impulso de comprar, pratique a gratidão pelo que você já tem: isso te ajuda a se preencher.

Outro caminho é ir criando metas; por exemplo: "Vou ficar uma semana sem comprar nem uma peça. Se eu conseguir, vou me dar um presente" – que pode ser uma experiência, uma massagem ou algum programa legal.

Você também pode fazer uma lista do que realmente precisa e só comprar o que estiver nela.

E por último, antes de realizar qualquer compra, faça cinco perguntas:

1. Existe uma necessidade verdadeira disso na minha vida?
2. Já tenho algo semelhante?
3. Tenho condições financeiras de comprar isso?
4. Posso deixar para comprar depois?
5. Posso guardar esse dinheiro e usá-lo no futuro para um objetivo maior (viagem, apartamento, algum sonho)?

Quando você passa a ter consciência e controle sobre a sua forma de consumir, tende a olhar mais para o que já tem e menos para o que te falta. Você se torna grato pelo que possui, facilita o seu dia a dia e a sua organização, além de economizar muito tempo, dinheiro e recursos do planeta.

TIPO 12
Remanejador

"Deixei algumas coisas na casa dos meus pais."
"Vou guardar na casa da praia."
"Vou mandar para meu escritório."

Já estávamos na quarta sessão de organização da casa da Cristina quando o problema ficou claro. Eu precisaria ter uma conversa com ela para alertá-la do seu comportamento.

Tudo se iniciou na nossa terceira sessão, quando começamos a organizar a categoria de diversos da casa, como itens de cozinha, sala e decoração. Desde que me contratou, ela deixou claro que um dos seus maiores objetivos era ter mais espaço, "menos coisas para cuidar".

Começamos a organização, e sua vontade de reduzir era nítida. Ela estava levando muito a sério a triagem de cada uma das categorias, mantendo apenas aquilo de que gostava e que queria ter na sua casa.

Foram sacolas e mais sacolas de roupas para doação, muitos papéis para o lixo e muitas bolsas para serem vendidas. Mas, no momento em que chegamos à organização dos itens diversos da sala e da cozinha, seu comportamento começou a mudar.

— Tenho muitas panelas, vou separar metade delas e mandar a outra metade para a casa da praia.

— Excelente — eu falei, e voltamos à triagem.

— Essas taças de acrílico também não vou devolver para o armário, vão para a casa da praia. Puxa vida, mais uma cafeteira? Vamos separar para a sacola das coisas da praia, junto com essa torradeira que a gente quase não usa.

Enquanto seguíamos com a separação e a triagem dos itens, as sacolas de objetos que seriam direcionados para a praia começou a crescer, e crescer, e crescer. Chegou um momento em que tudo o que não ia mais ficar no apartamento começou a ir direto para a seleção da praia. Até que a Cris abriu o armário da sala e encontrou no alto um pequeno quadro guardado.

— Nem lembrava da existência dele — ela confessou. — Nunca gostei dessa pintura, ela me traz uma sensação tão ruim... Preciso tirá-la daqui. Vamos colocar na caixa da praia.

Foi aí que decidi intervir:

— Cris, será que esse quadro merece ficar na sua vida? Encaminhá-lo para outro espaço seu só vai postergar essa decisão.

Existe um comportamento de bagunceiro que eu chamei de remanejador e que com frequência, em vez de lidar com seus pertences, acaba realocando-os. Para não precisar encarar a decisão do que fazer, tira-os da vista, mas continua em posse deles.

Já conversei com dezenas de alunas que me contaram que tinham esse comportamento ligado à casa dos seus pais e, sempre que não conseguiam decidir o que fazer com algum item, acabavam mandando para lá. Mas também tive uma aluna que vivia a situação inversa: seus filhos casados deixaram metade das coisas na casa dela e nunca foram buscar. Agora ela queria vender a casa e não sabia o que fazer com todos aqueles pertences deixados por eles.

Eu mesma já vivi isso. Estava com mais de seis anos de casada quando minha mãe me ligou para pedir que eu fosse buscar as coisas que havia deixado lá. Eu nem me lembrava da existência daqueles pertences, e foi uma grande experiência rever aqueles objetos. Parecia um arquivo morto do meu passado: tinha cadernos da escola, cartas, crachás e lembranças dos meus hobbies de infância e adolescência. Essas recordações eram como comprovações do meu passado, algo que me dizia que eu havia vivido aquelas experiências e eu tinha muita pena de me desfazer delas. Queria adiar a decisão novamente. No entanto, encarar o que eu havia deixado na casa dos meus pais me fez reavaliar qual era o sentido de manter essas recordações, principalmente guardadas em um espaço que eu quase não acessava. Percebi que eu não precisava mais dessa comprovação e não fazia sentido guardar, já que eu nunca olhava para aquelas lembranças nem as consultava. Também não fazia sentido trazer tudo aquilo para minha casa só para deixar guardado no fundo de uma gaveta, uma vez que já não tinha grande significado no meu momento de vida. Separei os poucos itens que senti vontade de manter. O restante foi direcionado: joguei fora o que não fazia mais sentido e doei o que poderia ser aproveitado por outras pessoas. Nesse dia, saí da casa dos meus pais com uma sensação de alívio e liberdade por não postergar mais essa decisão.

É claro que não é problema transferir as coisas de lugar quando podem ser úteis em outro local. Tudo bem dar algo que não usa mais para seus pais ou realocar um objeto que será usado na casa de praia. Eu me lembro de um presente que ganhei de uma amiga e do qual não consegui me desfazer. Era um item de decoração que não combinava com a minha casa. No final, acabei usando para decorar o consultório do meu marido, e ficou lindo lá.

Se você se identificou com o comportamento do remanejador, pode ter uma tendência de procrastinar, protelar uma ação ou uma decisão importante. Acontece que adiá-la não a tornará mais fácil depois.

Encare suas escolhas e feche as pendências que deixou em aberto.

Busque o que deixou na casa dos seus pais.

Se você tem mais de uma casa ou um escritório fora de casa, pare agora de remanejar seus itens. Antes de direcionar qualquer objeto, seja sincero consigo mesmo. Se você não gosta ou não usa doe, venda, encaminhe para outra pessoa.

> **Se não tiver uma boa razão para manter, pode ser uma ótima razão para deixar ir.**

Você vai perceber como é prazerosa e libertadora a sensação de encarar seus pertences e dar o direcionamento correto para eles!

CARTA PARA VOCÊ

O rótulo aprisiona, o conhecimento liberta

Após conhecer os doze tipos de bagunceiros, é possível que você esteja se perguntando: *"E se eu for mais de um tipo de bagunceiro, três ou quatro tipos, ou até mesmo todos eles? Será que é possível gabaritar nesse quesito? Sou um caso perdido?"*.

É possível se reconhecer em vários tipos ou até estar vivendo todos eles ao mesmo tempo. Também é possível que você vivencie grande parte deles em momentos diversos da sua vida, de acordo com fatores externos, mudanças e desafios que vier a enfrentar.

O propósito desse aprendizado não é julgar nem apontar o dedo para nossas falhas, e sim nos ajudar a reconhecer a origem do problema e agir para mudá-lo. O autojulgamento só vai te atrapalhar e impedir que consiga melhorar. Procure ter empatia pelo seu momento e autorresponsabilidade.

Agora que já conheceu os 12 Tipos de Bagunceiros, você pode ter percebido que alguns se assemelham. Isso ocorre porque são derivados de cinco eixos centrais: sentimentos, hábitos, presença, responsabilidade e técnica.

No eixo dos sentimentos estão os tipos apegado, consumista e acumulador, sendo a origem do problema um fator emocional, envolvendo questões mais profundas.

No eixo dos hábitos estão os tipos preguiçoso, camuflado e remanejador, e o olhar aqui está voltado para os seus costumes.

No eixo da técnica estão os tipos aprendiz e otimizador, e a raiz do problema está na falta do conhecimento das ferramentas de organização.

Por sua vez, no eixo da responsabilidade estão os tipos rebatedor e terceirizador, que têm a tendência de transferir o problema.

E por fim, no eixo da presença estão os tipos distraído e ventania, sendo a origem de ambos a dificuldade em se conectar com o momento presente.

Os tipos que têm a origem no mesmo eixo, apesar de apresentarem características em comum, se manifestam de maneiras diferentes em cada pessoa. O que os difere são os contextos em que se formam, como o ambiente de criação, a personalidade, a crença de identidade e o momento de vida.

É exatamente como nos sentimentos. Você pode viver um momento de insegurança e sentir raiva ou medo, frustração ou tristeza; a origem desse sentimento talvez seja a mesma, porém ele se manifesta de modo diferente em cada pessoa.

Entender que estamos sempre navegando entre os doze tipos nos ajuda a não cristalizar uma imagem ou um rótulo de nós mesmos, possibilitando a identificação de forma pontual, de acordo com nosso momento de vida, para que então possamos corrigir nosso comportamento.

Conseguir fazer essa pausa para uma auto-observação já é um excelente caminho para fazer os necessários ajustes e correções.

> **Não queira ajustar tudo de uma vez. Isso não será saudável nem duradouro. Pequenas mudanças de forma consistente, a longo prazo, farão uma enorme diferença.**

Mais importante do que a velocidade é a direção. Não tenha pressa, entenda como a organização funciona melhor para você e seja persistente. Observe quais comportamentos precisam ser ajustados e vá aos poucos. Comprometa-se com o seu processo e rapidamente vai perceber os resultados.

Ao longo desses anos, na saga para manter o apartamento 32B organizado, houve muitos altos e baixos. Momentos em que a organização estava impecável e funcional, momentos em que nos desestabilizamos e pareceu que a desorganização voltaria. Momentos em que eu estava mais dedicada a ela, e outros em que deixou de ser a prioridade e algumas coisas ficaram de lado.

A ferramenta dos 12 Tipos de Bagunceiros funcionou e funciona até hoje como um mapa para mim. Quando percebo que a bagunça começa a aparecer com mais intensidade, me pego tentando entender qual comportamento pode estar em evidência.

Será que estou trabalhando muito e por isso não tenho tempo para me dedicar a manter a organização? Talvez eu esteja agindo como rebatedora, responsabilizando a falta de tempo e deixando a bagunça assumir o controle, ou talvez esteja no tipo preguiçoso e deixando de lado essa manutenção. Será que as crianças estão em uma fase construindo muitos brinquedos de sucata e por isso não estou dando conta de armazenar tudo? Talvez eu esteja no comportamento apegado ou até otimizador, tentando manter o máximo de coisas encaixadas.

Durante a pandemia da covid-19, vários comportamentos que eu já tinha trabalhado internamente retornaram: em alguns momentos me senti mais consumista, em outros, com o acúmulo de tarefas, me peguei na ventania e, em vários dias, deixei que a preguiçosa assumisse o posto. Tive momentos de rebatedora em que culpei o marido e as crianças, e também deparei com a minha versão camuflada, tentando esconder algumas bagunças que não conseguia encarar.

Identificar o comportamento funciona como um diagnóstico para que eu saiba exatamente onde preciso atuar para melhorar. É saber o remédio certo que preciso tomar para eliminar a dor que estou sentindo.

Quanto antes identifico, mais rápido se torna ajustar e não deixar que a casa volte ao caos.

Desisti da ideia de que a organização deveria ser um processo com começo, meio e fim e abracei o conceito de que a organização é um processo de melhoria contínua. O dinamismo da nossa vida merece ser levado para a nossa organização, e, conforme mudamos, ela também vai se adaptando, se ajustando.

> **A forma como nos organizamos está intimamente ligada a quem somos e como estamos.**

É comum nos questionarmos se bagunçamos pois nossas emoções estão desorganizadas ou, por nossas emoções estarem desorganizadas, bagunçamos.

A verdade é que essa é uma via de mão dupla. Pode haver uma questão emocional mal resolvida que tem um impacto direto na sua desorganização, e a falta de ordem na sua casa pode impactar relacionamentos, finanças e emoções.

É possível que você não saiba organizar, e nesse caso não há nenhuma questão emocional envolvida. No entanto, caso a bagunça se instaure na sua casa, você poderá arcar com as consequências da desorganização: estresse, brigas e desgaste emocional.

Por outro lado, você pode ser extremamente organizado e, após viver uma tragédia, um luto ou um momento muito desafiador na sua vida, seu emocional sair do eixo e você pode desenvolver um comportamento bagunceiro, mudar seus hábitos ou se tornar mais ausente no quesito organização.

Independentemente do que veio primeiro, o foco é identificar qual comportamento está mais evidente no seu momento de vida e, com base nessa dessa identificação, ter clareza do caminho que deverá percorrer para ajustá-lo.

Saiba que o processo de organizar também é uma via de mão dupla. Quando você organiza uma gaveta ou até mesmo sua casa você sente o impacto do exterior, ou seja, do ambiente, no seu interior. Da mesma forma, quando organiza suas emoções internamente, por exemplo, em um processo terapêutico, fica mais fácil organizar o exterior. Nosso ambiente externo e nosso ambiente interno estão intimamente conectados, daí o impacto direto em ambos os lados. "Se não criarmos e controlarmos nosso ambiente, nosso ambiente nos criará e nos controlará", diz o dr. Marshall Goldsmith.

Quando eu pensava em organização, só queria ter uma casa arrumada, que funcionasse. Mas, muito além de gavetas e armários, a organização mudou: minha mentalidade, minha forma de enxergar as coisas, meus relacionamentos e meu modo de viver. Ela trouxe leveza à minha vida.

Quando você descobre o poder da organização, entende que a arrumação da casa vai muito além dela. Ela pode transformar sua vida.

Que os meus aprendizados, contados a seguir, possam te inspirar a ter uma vida mais leve e feliz.

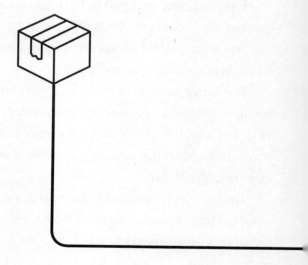

PARTE 5

APRENDIZADOS

Televisão

Quando casei, um dos primeiros itens que eu e meu marido adquirimos para o apartamento 32B foi uma televisão. Até me casar, eu praticamente não assistia, mas meu marido sempre foi um grande entusiasta da TV. Ele ama assistir a esportes e séries, e confesso que hoje já gosto bastante também.

Naquele momento, o vendedor nos ofereceu uma proposta irrecusável: uma televisão do mesmo valor que a que pretendíamos comprar, só que com a função 3D. Ela vinha com aqueles óculos para uma experiência de cinema dentro de casa.

— Vamos levá-la! — decidimos, muito animados.

Imagine que testamos o 3D no dia em que a televisão chegou, achamos divertido, e, depois disso, ele ficou esquecido pelos anos seguintes. Ano retrasado, já com meus filhos maiores, decidimos assistir a um filme 3D. Na hora de conectarmos os óculos 3D à TV, não conseguimos. A bateria dos óculos tinha acabado.

Fui comprar bateria. Bateria encontrada e colocada nos óculos, mas nada de eles ligarem. Agora era a conexão que não estava funcionando. Mais uma hora para meu marido identificar o problema.

Finalmente a conexão feita, colocamos os óculos e ligamos o filme.

— Mãe, acho que prefiro sem o 3D — disse minha filha, com a maior sinceridade do mundo. — Vamos deixar para assistir ao 3D em algum filme no cinema — ela sugeriu.

Fiquei muito frustrada. Depois de todo aquele trabalho para colocarmos o 3D, eles nem valorizaram a experiência. Mas o fato é que ela tinha razão. Confesso que até fiquei um pouco tonta assistindo àquilo na sala de casa.

Foi a última vez que usamos o 3D.

Francine Jay traz em seu livro *Menos é mais* um conceito que ela chama de "usufruir sem possuir". Percebi que esse era um desses casos em que se encaixava muito bem.

A verdade é que tentamos trazer para dentro de casa experiências incríveis que vivemos fora, mas, junto com esse item, vem o peso do cuidado e da responsabilidade. Em seu livro, Francine nos conta de sua saga com uma obra de arte que comprou de um artista famoso. Seu prazer com a aquisição durou pouco, e houve uma sucessão de problemas que culminaram na venda da gravura anos depois.

O momento de emoldurar, já que precisaria enquadrar tal gravura da forma mais adequada e custosa, e a dificuldade em pendurá-la na parede acabaram tirando todo o prazer daquela compra.

Percebi quantas vezes fazemos essas coisas de forma impensada. Queremos replicar experiências do mundo exterior dentro de casa, e isso gera trabalho, ocupa espaço, além de causar desgaste financeiro e emocional. Precisamos estar atentos ao que realmente faz sentido replicar em casa e quais são as experiências que podemos aproveitar sem possuir.

Ir ao cinema ver um filme 3D foi uma dessas sacadas para mim.

E não tem certo e errado sobre qual experiência você pode e quer trazer para dentro de casa. É preciso sair do automático e trazer à consciência aquilo que faça sentido para sua vida. Qual é a sua frequência de uso dessa experiência? Qual a sua disponibilidade e a energia para cuidar dela dentro da sua casa?

> **Precisamos sempre lembrar que tudo o que trazemos para dentro de casa exige cuidado.**

Cabe a nós decidir a quais itens vamos dedicar atenção, espaço e energia!

Aquecedor

Era uma noite de verão, mas fazia muito frio em São Paulo. Meus filhos não conseguiam dormir com o cobertor. Até adormeciam com ele, mas acordavam com o cobertor no chão e o corpo gelado de frio. Para solucionar essa questão, usávamos um aquecedor a óleo, que deixava o quarto deles quentinho.

Naquela noite, decidi pegar o aquecedor, que estava guardado em um armário que ficava na área de serviço, um dos poucos em que cabia.

No momento em que abri o armário, para minha surpresa, o aquecedor não estava lá. Estranhei. Onde mais poderia estar? Não era um item pequeno, não dava para ser colocado em qualquer lugar. Lá fui eu procurar em todos os locais possíveis da casa.

Revirei os maleiros, as laterais do guarda-roupa, as prateleiras altas. Nada.

Eu não me conformava em ter perdido um item dessa dimensão. Uma coisa é perder um documento, um brinco dentro de casa, outra coisa é perder um objeto de quase 65 centímetros de altura e mais de oito quilos.

Desacreditada, decidi ligar para meu marido, que ainda estava trabalhando, para saber se ele lembrava onde tínhamos guardado.

— Amor, você lembra onde guardamos o aquecedor das crianças?

— Ná, você deixou guardado no lugar de sempre, no armário da área. Eu o tirei de lá no final de semana, porque o quarto das crianças estava um pouco gelado.

Ufa, já estava começando a ficar mais tranquila que não tinha sido eu a guardar no lugar errado ou perder o aquecedor pela casa.

— E onde você guardou o aquecedor? Não estou encontrando.

— Eu não guardei, ele continua no quarto das crianças.

— Como assim? Eu estava lá até agora colocando as crianças para dormir e não tinha aquecedor nenhum.

— Ná, volta lá e olha, está ao lado da mesinha de atividade das crianças.

Voltei para o quarto, na certeza de que meu marido estava enganado, quando me deparei com o aquecedor no exato local em que ele havia mencionado.

"Como pode?", eu pensava. Estava na minha frente e eu não vi. Revirei a casa inteira e o aquecedor estava dentro do quarto, na minha frente.

Fiquei inconformada com essa situação, mas a verdade é que nosso olhar se acostuma.

> **A gente olha as coisas, mas não vê. Estamos tão no modo automático que não prestamos atenção de fato.**

Você já parou para olhar sua casa, fazer um tour e realmente prestar atenção em cada coisa que está lá? Já olhou para algum objeto e pensou: *"Nem lembrava que eu tinha isso aqui"*, ou *"Como esse item veio parar aqui?"*, ou *"Eu não gosto dessa decoração, será que ela deveria estar aqui?"*.

Certa vez, decidi fazer um exercício na minha casa, pois estava descontente com a decoração da sala. Eu sentia que ela já não me representava, mas não sabia como mudá-la. Fiz um teste radical. Retirei todos os objetos de decoração. Deixei sem nada. Sem porta-retratos, adornos, flores, livros decorativos ou qualquer tipo de item.

Foi como um choque no meu olhar. Eram tantos itens que eu nem lembrava como tudo aquilo tinha chegado lá. Eu já não sabia nem reparava no que tinha.

Esse processo me ajudou a trazer maior conexão com a minha casa, mais presença. Fui recolocando os itens devagar, com mais atenção, observando cada um que deveria voltar e que eu realmente gostaria de ver.

Nas minhas consultorias on-line, um fato que eu sempre acho muito interessante é que, antes de fazer o atendimento, eu peço que a cliente me mande fotos da sua casa, dos seus espaços e dos pontos mais críticos de bagunça. Quando elas olham a foto, em geral se sentem mais incomodadas com a situação em que sua casa se encontra.

— Nalini, eu sabia que estava bagunçado, mas quando olhei a foto até me assustei. Na foto parece até pior.

O nosso olhar se acostuma. Com a bagunça, com a organização, com o vazio e com o excesso também. É preciso desabituar o olhar que temos sobre a nossa casa.

Se julgar necessário, fotografe e olhe por outro ângulo. Encare suas bagunças, observe seus espaços, analise suas decorações.

Não basta olhar, é preciso ver.

Ginásio de vôlei

Eu já estava finalizando um processo de organização de uma casa com uma família muito querida de amigos. Já tinha feito sessões com o marido, com a esposa e com a filha do casal, na época com quatro anos. Fazer as sessões na casa deles era delicioso!

Era a última sessão, e estávamos finalizando a organização dos itens sentimentais. Entre cartas, desenhos da filha e muitos outros pertences que contavam incríveis histórias da sua vida, fizemos uma pausa para tomar um café.

Ele é um grande fã de café, e essas pausas sempre proporcionavam conversas e importantes reflexões. Nesse dia, envolvidos na profundidade da triagem dos itens sentimentais, ele me trouxe uma profunda lição.

Por trabalhar com um time de vôlei, ele viajava muito para acompanhar os jogos fora do Brasil. Ele me contou que havia percebido como o processo de organização de sua casa o fizera refletir sobre diversas coisas da vida e, em especial, levara a uma percepção sobre o seu trabalho.

— Nalini, como você já sabe, eu viajo muito para acompanhar o time nos torneios. Conheço inúmeros ginásios ao redor do mundo e percebi uma correlação muito importante sobre o que falamos aqui na organização e os lugares pelos quais já passei.

"Uau! Essa é nova!", pensei. Não tinha ideia de qual seria essa relação.

— Existem dois tipos de ginásio. Existem aqueles em que tudo acontece. De manhã, ficam abertos para as crianças brincarem, à tarde tem jogo acontecendo, à noite tem show. É uma loucura, as atividades não têm fim. A vida acontece intensamente neles.

"Por outro lado, existem aqueles que são reservados exclusivamente para os jogos. Ficam fechados grande parte do tempo, e ninguém pode usá-los. De tempos em tempos, ocorre um jogo neles, fora isso, nada acontece.

"Sabe qual a maior diferença entre eles?

"Os ginásios que são utilizados o tempo todo estão sempre bem cuidados. Os banheiros funcionam e, apesar de às vezes acumularem um pouco de sujeira por excesso de uso, uma boa limpeza já resolve. Eles têm vida, estão sempre com bom funcionamento e a manutenção em dia.

"Por outro lado, aqueles exclusivos para os jogos estão sempre meio abandonados. No dia do jogo, os banheiros não funcionam, as coisas parecem emperradas e tudo um pouco enferrujado.

"Tenho a sensação de que, quanto mais a gente usa, mais a gente cuida."

E aí está a beleza desse grande aprendizado: aquilo que a gente deixa guardado ou encostado para usar menos muitas vezes quebra, enferruja, para de funcionar. Daquilo que usamos sempre, cuidamos, fazemos a manutenção.

> **Quanto mais a gente usa, mais a gente cuida. Usar é uma forma de cuidar, de honrar nossos pertences.**

Terminei aquele café, respirei fundo e finalizamos nossa última sessão com os itens sentimentais.

Macacão

Andando pela rua, passeando com minha filha Marina no carrinho, vi numa vitrine um macacão preto e branco, de tecido fino e esvoaçante.

Que peça de roupa mais linda! Imaginei-me usando-a em um fim de tarde na praia, em um resort, andando pela beira-mar, descalça, usando um chapelão de praia.

Foi tão real que quase senti a brisa gelada do fim de tarde no meu rosto, depois que os últimos raios de sol desaparecem na imensidão daquele mar azul. A areia fina nos meus pés, o barulho das ondas quebrando, a brisa do vento levando meu cabelo. Aquela sensação de paz e plenitude. Um silêncio que evidenciava apenas o som da natureza. Naquele momento, despertei com o choro da minha filha. Ainda estava parada em frente à vitrine, o carrinho ao meu lado. Voltei tão repentinamente à realidade que até me assustei.

O choro de uma chupeta caída dentro do carrinho. Recoloquei-a em sua boca e decidi entrar na loja. Eu precisava daquele macacão.

Ao vesti-lo, fui novamente transportada para aquele pôr do sol no resort à beira da praia. Caminhei pela loja, me olhei no espelho e me senti muito feliz.

— Vou comprar — eu disse à vendedora, que agora já me acompanhava até o caixa para pagar.

Inúmeros pensamentos começaram a vir à minha cabeça naquele momento: *"Será mesmo que eu preciso dessa peça? Em quais outras ocasiões eu poderei usá-la? Talvez eu não precise disso; quantas vezes eu assisti ao pôr do sol na praia em um resort? Acho que nenhuma. Vou pensar melhor..."*.

Sem perceber que eu dissera essa última frase em voz alta, e logo veio a resposta da vendedora:

— Essa é a última peça desse macacão na loja, e não teremos reposição.

Pronto, foi a deixa de que eu precisava para tirar a carteira da bolsa e finalizar a compra.

Com a sacola apoiada no gancho do carrinho da Marina, fui voltando para casa. A sacola balançava enquanto andávamos, e eu ainda estava em um misto de alegria, culpa e dúvida sobre a compra.

Chegando em casa, decidi mostrar para meu marido. Coloquei o macacão e fui até a sala como que em um desfile.

— É lindo! Caiu superbem em você — ele disse, e continuou: — Mas onde você pensa em usar? Não consigo te imaginar usando no dia a dia.

— Ah, não! É para uma ocasião como um pôr do sol na praia... alguma viagem que fizermos juntos!

Minha insegurança com a compra transpareceu no meu olhar confuso, como o de quem nem sabe por que comprou aquilo.

Algum tempo depois, deparei-me com um vídeo no YouTube da Fernanda Neute. Em seu canal ela aborda temas relacionados a desenvolvimento pessoal, autoconhecimento, planejamento de vida, consumo consciente, entre os assuntos. Naquele vídeo, ela falava sobre itens que não comprava mais. Ela trouxe um novo conceito do qual eu nunca tinha ouvido falar e que me fez muito sentido: os itens da vida imaginária.

Os itens da vida imaginária são aqueles itens que compramos para um estilo de vida, um momento ou uma ocasião que não são coerentes com o nosso estilo de vida real. Aqueles que compramos porque criamos uma situação imaginária, que não acontece. Esses itens acabam ficando parados no nosso armário, quase sem uso. Isso acaba por gerar frustração e decepção.

O tempo passou, e aquele macacão continuou pendurado no guarda-roupa, sem uso, com a marca do cabide e cheio de pó. Eu ainda esperava a ocasião que imaginara e que não aconteceu.

Entendi que ele e outras dezenas de itens que estavam parados no armário também pertenciam a essa mesma categoria.

Foi frustrante e libertador entender essa relação entre a nossa vida real e a nossa vida imaginária.

No início da minha vida adulta, eu era uma pessoa bastante sedentária e queria muito ser mais ativa. Vi um comercial de uma pessoa se exercitando em casa com um *transport*. Já me visualizei uma pessoa mais fitness e achei que tivesse encontrado a solução: comprei um desses para mim.

Você tem ideia do que é isso? É um aparelho de academia, também conhecido como elíptico, que parece uma mistura entre uma esteira e uma bicicleta. Era um trambolho enorme que eu coloquei no meio do meu quarto, superorgulhosa da pessoa que achei que houvesse me tornado!

Já aproveitei para comprar um novo par de tênis e novas camisetas de ginástica, visualizando esse meu novo eu "atlético".

Na primeira semana com o *transport* em casa, utilizei-o três vezes; na semana seguinte, uma vez; e, nos anos seguintes, ele virou um cabideiro das minhas roupas empilhadas, ainda na época em que eu não tinha nenhum conhecimento de organização.

O ponto aqui não é sobre a compra em si, mas sobre o motivador, o desejo de ser algo que você não é, de ter um hábito que você não tem.

> **E não que você não possa vir a tornar-se. Pode e deve, mas crie o novo hábito e um novo estilo de vida antes de fazer a sua compra.**

Primeiro comece a fazer academia, a se exercitar, para depois comprar roupas de ginástica. Primeiro tenha o hábito de viajar para depois comprar algo específico para viagens.

É sobre entender que o nosso estilo de vida molda as coisas que temos e usamos. E não há problema em mudar de estilo ou ter objetivos diferentes, mas seu consumo deve ser coerente com isso, para que você não compre itens que depois acabe por não utilizar.

Viver uma vida organizada é se conhecer, entender o seu estilo de vida, saber do que você gosta e o que usa, identificar o que gostaria de mudar e buscar trazer pertences alinhados a isso.

Identificar os itens da nossa vida imaginária é um grande exercício de autoconhecimento e planejamento. É entender o que você gostaria para sua vida e buscar maneiras de criar essa realidade, não por meio do consumo de algum item que vai ficar parado na sua casa, mas da sua mudança de atitude e planejamento para criar a vida que você deseja!

P.S.: o *transport* nem chegou a conhecer o apartamento 32B: foi vendido pouco antes de eu me casar e sair da casa dos meus pais.

Taça de licor

Era dia de aula ao vivo de um curso on-line e eu já estava em frente ao computador, preparada para começar.

Coloquei um pouco do meu iogurte em uma taça pequena e abri a câmera para entrar na aula. No momento em que a professora entrou e nos cumprimentou, olhou para mim, saboreando aquela bebida deliciosa, e perguntou com expressão de surpresa:

— Nalini, o que é isso?

— É iogurte — respondi com naturalidade, sem entender a expressão de assombro com que ela me fitava.

— Ah, que susto — ela disse, agora rindo —, achei que fosse uma taça de licor.

Foi a minha vez de olhar para a taça e rir, pois de fato aquilo era originalmente uma taça de licor, que eu costumava usar para tomar o iogurte.

Contei à professora e às colegas de curso sobre esse meu hábito de "ressignificar" alguns utensílios da nossa casa.

— Eu adoro essas taças de licor, mas quase nunca usava pois não tomo, então um dia pensei em doá-las. Mas eu gosto tanto delas que eu pensava: "Não faz sentido doar. Preciso então encontrar um novo uso para elas". E foi assim que viraram minhas tacinhas de iogurte.

Nesse momento, corri até a cozinha e peguei outro copinho para mostrar a elas.

— Vocês sabem o que é isso? — perguntei.

Uma decidiu arriscar:

— É uma xícara de chá turco?

— Sim! — exclamei, agora muito animada. — Mas aqui em casa é utilizada como xícara de café.

E acredita que essa xícara gerou desentendimento aqui em casa? Comprei esse jogo na minha lua de mel quando estive na Turquia, mas ele ficou parado, no fundo do armário da cozinha, por muitos anos: afinal, eu não tomo muito chá e, quando tomo, prefiro uma xícara maior.

Um dia, organizando essa categoria, decidi que era o momento de o jogo partir. Já estava na pilha de doação quando meu marido viu e ficou em choque.

— Ná, a gente adora esse jogo, não acredito que você vai doá-lo.

— Amor, a gente gosta mas não usa, então não faz sentido guardar.

— Então vamos usar — ele falou.

— E se a gente deixasse esse jogo pra tomar café? — sugeri. E, desde então, todo dia tomo meu expresso depois do almoço em uma dessas xícaras. É uma sensação tão gostosa! Fico feliz em usá-la, me traz lembranças boas e o café fica perfeito nelas.

Ressignificar os pertences de que você gosta e que quer manter, mas que aparentemente estão sem uso, faz com que você, além de exercitar sua criatividade, dê uma nova vida àquele objeto. Aqui em casa, além desses copinhos, temos uma jarra que virou vaso, um porta-chá que virou organizador, um prato que virou bandeja, entre outros.

> **Maior do que a função original de um objeto é o significado que você atribui a ele!**

Então, se você adora algum objeto e ele está parado e sem uso, eu te desafio a repensar e descobrir uma nova funcionalidade para ele. Coloque em uso, ressignifique e aproveite.

Janelas quebradas

Minha casa já estava organizada quando decidi fazer uma nova triagem nos itens da cozinha. Percebi que a organização funcionava, mas ainda havia alguns pertences que eu não usava mais.

Houve um período da vida em que eu amava fazer bolos, tinha uma batedeira, mil fôrmas de tamanhos diferentes, utensílios que eu nem sabia mais para que serviam. Era chegada a hora de triar e deixar a cozinha mais adequada ao meu estilo de vida daquele momento.

Triagem feita, muitos itens separados para doação e a cozinha agora estava mais prática e funcional.

Sempre que faço essas triagens, antes de mandar as doações para alguma instituição, eu vejo com minha família e pessoas próximas se alguém está precisando de algo de que vou me desfazer. Então, deixo separado por alguns dias até mandar embora de casa.

Decidi colocar em cima da mesa de jantar. Espalhei todos aqueles itens pela mesa, fotografei, e aquilo ficou lá por quase uma semana.

O efeito que decorreu disso chamou minha atenção.

Como já mencionei, essa mesa por muitos anos foi um grande depósito de bagunça. Tudo o que chegava em casa acabava indo para cima dela.

Desde que eu havia conseguido organizar a casa, deixei a mesa com dois vasos , num dos quais coloquei uma vela e, no outro, flores. Nada mais. A mesa se mantinha dessa forma.

O curioso foi que, a partir do momento em que resolvi deixar os itens de doação na mesa, na semana seguinte observei que, para além dos utensílios de cozinha que eu havia colocado lá, a sala de jantar estava uma grande bagunça. A mesa agora passara a ter também os estojos das crianças, mala da escola, algumas sacolas do meu marido, papéis, contas, uma embalagem de presente, algumas revistas, as cadeiras com casacos pendurados. A organização desse local tinha se perdido!

Todas as casas têm o que eu chamo de "superfícies lisas planas", que são mesas, balcões, bufês, mesas de apoio, mesas de cabeceira, e por aí vai. Esses locais são como "ímãs" para a bagunça, funcionam como um grande chamariz dos itens que você não guarda no lugar. É preciso redobrar a atenção para evitar que se tornem um grande local de desova de pertences.

Você chega em casa e deixa os itens que tem em mãos em cima de algum balcão ou alguma mesa. Quando está fazendo as coisas pela casa, acaba apoiando seus pertences lá.

Uma boa estratégia de organização desses espaços é definir exatamente o que deve "morar" lá. Algum objeto de decoração, um abajur, um vaso ou porta-retratos. Assim, você sabe que todo o resto que estiver ali é temporário e precisa ser guardado. Crie o hábito de fazer essa vistoria no final do dia ou em algum outro momento.

De volta à cena da minha sala de jantar, parei em frente, aquele ar de desânimo, sentei-me no sofá e comecei a observar aquela situação. Estava um pouco atordoada com o retorno da bagunça quando me lembrei de uma teoria que aprendi com um professor da minha pós-graduação: a teoria das janelas quebradas.

A teoria das janelas quebradas foi desenvolvida na escola de Chicago por James Q. Wilson e George Kelling. Eles fizeram a seguinte análise:

Em um prédio, se uma janela é quebrada e não é consertada logo, a tendência é que as pessoas concluam que não há problema, ninguém se importa. Isso abre um precedente para que outras janelas sejam quebradas.

Portanto, diz a teoria, a desordem gera mais desordem; e, trazendo o conceito para nosso contexto,

a bagunça gera mais bagunça.

Quando você tem um ambiente todo organizado e deixa um item bagunçado, é como se ele abrisse um precedente para que muitos outros sejam deixados fora do lugar.

Naquelas minhas tentativas frustradas de fazer dieta, eu começava de forma bastante regrada, e, no momento em que abria uma concessão, era desencadeado um processo perigoso: o famoso "já que...". Já que eu comi um brigadeiro, vou tomar uma taça de vinho. Já que ontem furei a dieta, hoje vou comer um sanduíche com batata frita no almoço. Um comportamento fora já abria um precedente para colocar tudo por água abaixo.

Percebi essa atitude na organização e entendi que precisamos ter atenção para não deixar a bagunça se acumular. Ter o hábito diário de, em algum momento, devolver aquilo que foi tirado do lugar.

Você não precisa, nem deve, ficar pensando o tempo todo em organizar ou mesmo deixar de curtir um momento em função da bagunça que isso pode gerar, mas, quando perceber que existem muitas coisas fora do lugar, tire cinco minutos para devolvê-las. Assim, não se abre esse precedente para que a bagunça saia do controle.

Se algo quebrar, conserte. Se sujar, limpe. Se abrir, feche. Se desarrumar, arrume. Se tirar do lugar, devolva.

O violino

Um dos itens que tive maior dificuldade em desapegar foi meu violino.

Ganhei dos meus pais quando completei catorze anos. Para eles, estudar um instrumento musical era obrigatório.

Na infância fiz aulas de piano. Não gostava muito, mas aprendi a tocar o básico. Meus irmãos seguiram com as aulas de piano, e eu, na adolescência, decidi inovar: escolhi aprender violino. Não era uma grande fã da música clássica, mas tinha como objetivo aprender a tocar músicas mais modernas e obras dos filmes da Disney.

Reconheço hoje que não era um sonho meu aprender a tocá-lo. Descobri muitos anos depois que foi uma tentativa de agradar meu pai, já que o sonho da vida dele era ter aprendido a tocar esse instrumento.

Naquele aniversário, me lembro do brilho nos olhos do meu pai, segurando aquele violino. Ele era lindo. Um modelo francês, feito por volta de 1920 por um *luthier*. Uau, quanta história ele continha! Eu sabia que não deveria ter sido fácil, para os meus pais, comprar aquele instrumento.

Comecei a ter aulas e, apesar de não gostar muito de música clássica, comecei a pegar gosto pelo meu violino. Meu professor era uma pessoa muito querida e deixava minhas aulas leves e divertidas.

De tempos em tempos, ele reunia seus alunos em uma pequena apresentação. Naquela camerata, a música escolhida foi "The Sound of Music", de *A noviça rebelde*. Meu professor me acompanhou no piano, e, enquanto nosso dueto tocava, lágrimas escorriam pelos olhos dos meus pais.

Aprender o violino, com o tempo, começou a se tornar um peso. Era preciso muito treino e dedicação, e eu não estava disposta a abrir mão de outras coisas que amava fazer para me dedicar mais a ele. Demorei alguns anos para conseguir assumir que eu não queria mais tocar. De certa forma, eu me sentia obrigada a continuar, dado o esforço que meus pais tiveram para comprá-lo.

Aquele violino tinha muita história, não só minha como de todos os outros músicos pelos quais ele já havia passado. Quando decidi finalmente parar de tocar, resolvi guardá-lo comigo e mantê-lo sempre perto, mesmo sem tocá-lo mais. Então, depois de me casar, o violino veio comigo, dentro do seu *case* azul-marinho, onde eu guardava todos os acessórios, como as cordas reserva, arco e espaleira.

Durante o processo da organização da casa, fui treinando o meu "músculo das escolhas", praticando o desapego e aprendendo a ser sincera comigo mesma sobre o que manter e o que podia ir embora.

Mas, dentre quase todos os meus pertences, um com que eu não conseguia lidar era o violino.

Eu sentia um misto de culpa com nostalgia. Sabia a dificuldade que meus pais tinham passado para comprá-lo e por isso não me sentia à vontade em simplesmente doá-lo ou vendê-lo. Parecia um fardo que eu precisaria carregar pelo resto da vida.

Mais de quinze anos já haviam se passado desde que eu ganhara o violino. Ele estava próximo de completar seus cem anos!

Até que um dia, assistindo ao filme *Toy Story* com meus filhos, minha filha me perguntou:

— Mãe, será que nossos brinquedos fazem isso? Será que eles têm vida enquanto não estamos com eles?

— O que você acha, meu amor? — respondi, devolvendo a pergunta para não quebrar toda aquela magia que inundava sua imaginação.

— Acho que sim, mãe, acho que nossos brinquedos têm sentimentos.

Nessa hora, ela foi até o quarto e pegou uma boneca que falava quando apertava a barriga. Essa boneca tinha sido muito usada, mas ela não gostava mais.

— Mãe, quero dar para minha prima essa boneca; ela é de bebê e eu não gosto mais de brincar com ela. Mas acho que talvez ela fique triste por eu não brincar mais com ela.

Aquele gesto ingênuo e puro me trouxe à tona uma grande reflexão:

e se nossos pertences tivessem vida, como eles se sentiriam pela forma como estamos cuidando deles?

E se meu violino falasse, será que ele estaria feliz em ficar guardado em um *case* a vida toda?

"Não, claro que não", pensei. Ele me diria: *"Quero ser tocado! Quero ser usado! Por favor, não me deixe esquecido aqui".*

Naquele dia, depois de colocar meus filhos para dormir, fui até o escritório, subi em uma cadeira e peguei o violino em cima da estante. Aquele *case* azul-marinho parecia cinza, de tanta poeira que o envolvia. Abri o violino, abracei-o e não pude conter as lágrimas que descem pelo meu rosto. O som completamente desafinado, aquelas cordas paradas de anos sem ninguém o tocar.

— Eu sinto muito — falei para ele. — Você não merece ficar parado aqui para sempre. Você tem um som maravilhoso. Eu preciso me libertar da culpa e fazer você voltar a ser tocado. Eu preciso encontrar alguém que vá cuidar de você da forma que você merece.

Naquela noite, quando me deitei para dormir, pensei em muitas pessoas com as quais poderia falar. Eu estava disposta a desapegar do violino, mas queria ter a certeza de que o próximo dono cuidaria dele e o faria ser usado.

Adormeci.

No dia seguinte, acordei com a resposta na cabeça.

Fiquei com raiva de mim mesma por não pensado naquela solução antes. Esteve bem à minha frente, e eu nunca havia enxergado.

Corri para meu celular, peguei o telefone do meu professor e o escrevi em uma folha de papel.

Do outro lado da folha, escrevi: "Pai, esse sonho era seu. Toque meu violino. Cuide dele".

E foi assim que, nesse dia, levei meu violino até a casa dos meus pais. E deu certo: ele começou a fazer aulas. Meu violino seguiu viagem e me deixou uma grande lição: os objetos não têm vida, mas e se tivessem, o que eles te diriam?

Caminhão do Faustão

Quando era criança, lembro que havia um programa de televisão em que o apresentador sorteava uma pessoa que ganhava um caminhão cheio de novos eletrodomésticos, móveis e utensílios para casa.

Você via a emoção daquela pessoa que recebia os itens novos, as lágrimas que escorriam pelo rosto ao ver descarregar o caminhão. Aquela geladeira nova, de última geração, o fogão, um novo sofá, entre muitos outros itens. Era muito legal de assistir.

Agora, imagine que o interfone tocou e você ganhou o caminhão de prêmios. Uma cama nova, uma geladeira nova, lava-louças, um sofá e mais alguns itens para sua casa.

Provavelmente, para receber esses novos itens na sua casa, você precisará abrir espaço, certo? Se sua casa estiver toda mobiliada, será preciso retirar a cama atual para colocar uma nova no seu quarto. O mesmo vale para o sofá, a geladeira e demais itens grandes, correto?

Quando compramos um item grande para nossa casa, seja novo ou para substituir algo que já temos, é natural que tenhamos essa percepção clara do espaço que aquilo ocupa e de que provavelmente precisaremos tirar o atual para que seja substituído.

Visualize agora um prêmio como um caminhão de acessórios. Você foi sorteada e ganhou um caminhão cheio de roupas, sapatos, bolsas, brincos, lenços, pulseiras e anéis.

Quando esses itens chegarem à sua casa, você conseguirá abrir espaço, encaixando-os no seu espaço atual. Esprema um pouco as roupas aqui, as bolsas ali, compra mais uma caixa de brincos e anéis, e *voilà*! Consegue guardar tudo dentro do seu espaço.

A verdade é que, para itens menores, a ideia do limite de espaço fica mais ampla, e muitas vezes extrapolamos os limites sem perceber.

Veja que, com a cama, é impossível deixar duas de casal, por exemplo, em um quarto normal de casal. Entrou uma, precisa sair a outra. Nem faz sentido manter ambas. Agora, quando se trata de sapato, em um espaço onde cabem quinze pares, achamos que não há problema em apertar tudo e fazer caber 52. Você vai otimizando aquele espaço, junta os pares de forma a reduzir sua ocupação, aperta-os lado a lado, em cima e embaixo de diferentes formas, e, quando se dá conta, seus espaços estão abarrotados de coisas.

Para mim, toda essa percepção se deu com o tempo. Sempre fui a pessoa que dava um jeitinho de encaixar mais uma coisa dentro dos meus espaços, até porque essa ideia de limites nunca esteve clara ou presente na minha cabeça.

Essa mudança de entendimento se deu quando aprendi realmente a organizar. Quando ficou nítido que o espaço de itens pequenos e grandes é bastante diferente, mas podemos aplicar a mesma lógica.

Um ponto crucial nesse processo é avaliarmos tudo o que colocamos dentro de casa.

Trazemos diariamente para nossa casa dezenas de novos itens. Sejam papéis, contas, brindes, desenhos das crianças, itens da farmácia, do supermercado, compras, presentes. Se você trouxer três itens novos por dia, ao final de um ano terá mais de mil itens adicionais na sua casa.

É preciso conter diariamente essa enxurrada que entra na nossa casa.

Em *Menos é mais*, Francine Jay utiliza uma expressão que considero extremamente apropriada para essa situação: "Seja o porteiro da sua casa".

Precisamos filtrar diariamente esses novos itens, saber para que servem e qual o uso que daremos a eles, direcionar onde devemos guardar e, muitas vezes, avaliar a necessidade antes mesmo de trazer o item para dentro da nossa casa.

Antes de pegar uma caneta de brinde na rua, questione-se: eu preciso disso? Pode ser útil na minha casa e na minha vida? Antes de entrar em uma promoção de compre dois e ganhe um, avalie se realmente você precisa dessa quantidade adicional. Antes de comprar uma bolsa, analise o objetivo dessa compra. Por que está comprando essa bolsa? Faz sentido para seu estilo, seus hábitos de uso?

> **Não tem a ver com não comprar, mas com sair do automático, se questionar e tomar as decisões baseadas nos seus próprios valores.**

Nós é que trazemos as coisas para dentro de casa, seja por meio de uma compra, de algo que você fez ou ganhou. O seu papel como porteiro é o de fazer o controle do que pode entrar e do que deve ficar fora de casa. Filtrar o que não precisa e direcionar para o local certo o que quer manter.

Ser um bom porteiro nos torna mais assertivos, nos ajuda a comprar melhor, ter os itens que realmente fazem sentido, além de nos poupar muito tempo tentando encontrar espaço para itens que ficarão esquecidos dentro da nossa casa.

Segundo Francine Jay, "para ser um bom porteiro, você precisa pensar em sua casa como um espaço sagrado, não como um espaço de depósito."

Você não precisa guardar para sempre um presente que ganhou e de que não gostou. Pode agradecer e depois dar para outra pessoa que possa fazer melhor uso. Você não precisa comprar só porque está na promoção, não precisa pegar um brinde que lhe for oferecido, nem pegar papéis que não sejam necessários.

Torne-se um bom porteiro, e sua organização se manterá com muito mais facilidade!

O caso da Cecília

Na casa dos meus pais, sempre tivemos uma separação clara entre os itens de uso do dia a dia e os itens das ocasiões especiais. Usávamos diariamente aquele aparelho de jantar marrom-escuro, transparente, quase inquebrável, enquanto a louça de porcelana maravilhosa que minha mãe herdou da minha avó ficava restrita às ocasiões especiais.

Isso me causava uma certa chateação, pois praticamente não recebíamos visitas em casa, e aquelas coisas mais bonitas ficavam quase sempre inutilizadas.

Cresci com esse conceito e levei-o inclusive para dentro do meu guarda-roupa e dos meus pertences.

"Melhor não ficar usando esse vestido para sair com minhas amigas. Ele é tão lindo, deixe para uma ocasião especial. Usar roupa bonita dentro de casa? Para quê? Melhor usar roupa velha, já que não é nenhum evento diferente", eu pensava.

Essa minha mentalidade perdurou por muitos anos, até o meu primeiro curso de organização, quando conheci a história da Cecília!

A professora nos contou de uma aluna cuja mãe sempre guardou com muito carinho e cuidado seus itens de ocasiões especiais. Deixou de usar por quase toda a vida seus melhores presentes de casamento para mantê-los sempre conservados.

Infelizmente, por problemas de saúde, a mãe faleceu ainda jovem, e o pai casou-se com outra mulher: a Cecília. O fato é que essa nova mulher pegou tudo aquilo que a falecida esposa havia guardado toda a vida para ocasiões especiais e colocou tudo, absolutamente tudo, em uso no dia a dia.

E ela nos deixou o lembrete: use tudo o que vocês têm. A vida é agora. A ocasião especial é hoje.

"Se você não usar, a Cecília vai!"

Nesse dia, após oito horas de curso, voltei para casa e comecei a desembalar tudo que estava guardado para as ocasiões especiais.

Acordei no dia seguinte e coloquei uma roupa que considerava "de festa" para uma simples saída até a padaria. Em um jantar naquela semana, as crianças dormiam e falei para o meu marido:

— Amor, o que acha de abrirmos aquele vinho de quando viajamos para Portugal?

Ele me olhou preocupado, como quem tivesse esquecido de alguma data importante.

— Amor, eu perdi alguma coisa? Vamos brindar a quê?

Eu o fitei e disse:

— Vamos celebrar a vida. O hoje, os nossos aprendizados, a nossa família, a nossa saúde. Isso já é motivo para celebrarmos!

Desapegado que sempre foi, ele abriu a garrafa cheio de felicidade.

> **Nossa vida é sagrada, e precisamos lembrar de celebrá-la. A vida é o agora. É cada momento. Nós criamos os momentos especiais.**

E por que o café da manhã do dia a dia não pode ser um momento especial? Por que o lanche da tarde não pode ser motivo de celebração?

Essa mudança de chave me fez não só colocar meus itens para uso como também valorizar o simples. O comum.

Por meio desse processo, entendi que a felicidade não está somente nos momentos especiais, nas grandes conquistas, nos maiores encontros. A felicidade está nos prazeres mais simples e cotidianos, nas pequenas conquistas, em um simples abraço, nos pequenos avanços, no ordinário, no momento presente. E o momento comum é na verdade a ocasião especial, porque todo momento é especial.

Time de futebol

Faltavam poucas semanas para meu casamento, e recebi um convite para ir a uma palestra sobre relacionamentos. Achei um pouco estranho e talvez meio cedo para isso: eu ainda nem estava casada! Mas algumas amigas minhas iam, e decidi ir também.

Ainda sem nenhuma experiência sobre casamento, ouvi as palavras naquela palestra e procurei absorver o que fazia sentido e gostaria de levar para meu relacionamento.

Duas das lições que aprendi naquele dia ficaram na minha cabeça.

A primeira delas foi que o relacionamento deveria ser como dois barquinhos que navegam juntos. Às vezes, eles começam a se distanciar, e nesse momento é preciso rever as rotas, pois, quanto mais se distanciam, mais difícil fica voltar a navegar na mesma direção. Quando seguem em caminhos opostos, o abismo entre eles se torna tão grande que fica difícil retornar.

A segunda lição foi: o casamento é como um time de futebol. Vocês estão jogando no mesmo time, e não um contra o outro.

Essa segunda lição demorou mais tempo para fazer sentido. No auge da bagunça, dois filhos, sobrecarga física e mental, eu me sentia muito só e sobrecarregada.

Sentia como se tudo recaísse sobre mim: a responsabilidade referente a grande parte das coisas do casamento, casa, filhos e família. Cadê meu time que deveria jogar comigo? E aquela "equipe de futebol" que deveria estar ao meu lado? Por que não estava funcionando? O que eu estava fazendo de errado?

Com algumas brigas e muitas conversas, identifiquei alguns pontos a serem trabalhados que fizeram a analogia do futebol fazer sentido.

O primeiro ponto foi: em um time, cada um tem uma função para que tudo funcione. Não dá para todo mundo fazer a mesma coisa. O time se complementa.

Essa já foi a primeira grande mudança de pensamento. Eu sempre havia pensado que, para que a casa funcionasse, precisávamos dividir *igualmente* as responsabilidades. Se eu arrumo a cama um dia, meu marido deveria arrumar no outro. Em um mês, eu arrumo a cama quinze dias e ele, nos outros quinze. Cada dia um lava a louça, cada dia um coloca as crianças para dormir.

Parecia justo, mas não funcionava com a gente. Entender a ideia de funções e time mudou a minha relação de justiça e sobrecarga, e passei a reconhecer as relações como complementares.

Conversando e nos entendendo, pudemos dividir as tarefas de acordo com os interesses e as preferências de cada um.

— Eu cozinho e você lava a louça — ele sugeriu.

— Eu arrumo as camas e você troca as crianças para irem para escola — devolvi.

Essa lição também me trouxe maior clareza sobre a diferença entre dividir as tarefas e delegá-las.

Por muito tempo me entendi como a "comandante" da casa. Eu dava as ordens do que precisava ser feito e de quem deveria fazê-lo. Além de delegar atividades, acompanhava para ver se tinham sido bem-feitas.

> **Quando você divide, você dá autonomia para o outro fazer do jeito dele.**

É importante entender que sua casa só vai funcionar se a responsabilidade for dividida, e não atribuída. É preciso entender que os moradores se complementam e cada um exerce um papel diferente. São pessoas diferentes.

Isso me levou a compreender também que estava tudo bem termos formas diferentes de enxergar a casa, e entendi a relevância de respeitar o espaço de cada morador. É importante ter regras, claro, especialmente nos espaços comuns da casa, mas, dentro dos espaços individuais, é essencial manter a autonomia de cada um.

Mais do que isso, ficou clara a função do time, de valorizar o que cada um faz de melhor e ajustar as estratégias de acordo com os diferentes momentos da vida.

Se hoje você não sente que sua casa está funcionando como um time, pode assumir um papel de técnico para ajudar a liderar essa equipe. Mas é preciso lembrar que o papel do técnico é ensinar, orientar, incentivar. Ele não joga no lugar dos jogadores.

Lembre-se: se você divide sua casa com outras pessoas, entenda que vocês são um time único, que jogam juntos, cada um com sua função, e não um contra o outro.

São Paulo

Nasci na cidade de São Paulo e toda a minha vida morei aqui.

Hoje em dia, toda a minha rotina está concentrada na região onde moro, mas por muitos e muitos anos eu atravessava a cidade diariamente.

São Paulo é uma cidade enorme, daquelas metrópoles bem caóticas. A vida aqui é intensa, a cidade não para nunca. O trânsito é constante e a poluição, presente. Os prédios fecham os raios de sol, e longas ruas e avenidas escondem cenários urbanos encantadores.

Nunca fui grande entusiasta de morar aqui, mas já estou muito acostumada a essa loucura da cidade grande. Acho que não sobreviveria em uma cidade pequena.

Em março de 2020, a pandemia da covid-19 chegou, de uma hora para outra, sem aviso prévio, e a quarentena começou. As escolas fecharam, o comércio, os serviços, e aquela cidade que nunca dormia agora forçadamente teve que parar.

Nas ruas não se viam carros, os pontos de ônibus vazios e muita tristeza assolava a capital.

Depois de muitos meses, quando tudo começou a reabrir e a vida, a voltar, aos poucos passei a sair de casa, ainda que para curtas distâncias. Levar ou buscar as crianças à escola, ir ao clube ou à casa da minha mãe, tudo em um raio de até cinco quilômetros.

Quase um ano e meio se passou do início da pandemia, e chegou o dia em que precisei atravessar a cidade novamente.

Dirigindo pela avenida Brasil, cheguei ao Monumento às Bandeiras e passei ao lado do parque do Ibirapuera. As pessoas, a maioria de máscara, andavam na rua. Era um dia de sol, e muitos se exercitavam nas ciclovias da cidade. Entrei na avenida 23 de maio e segui em direção à região sul de São Paulo. Senti uma emoção diferente durante esse percurso pelo qual dirigi durante tantos e tantos anos. Fiquei com vontade de tirar uma foto e me lembrei de como a cidade ainda era bonita.

Vi a vida de volta à cidade. Meu coração vibrava ao ver essas cenas, e tive a sensação de estar "re"conhecendo a minha cidade.

No caminho de volta para casa, atravessando a rua Vergueiro e chegando à avenida Paulista, senti aquela emoção de novo. Olhei aqueles grandes prédios à minha volta e agora me sentia em Nova York, admirando um dos cartões-postais da capital. Que sensação diferente, como se estivesse agora visitando minha cidade.

— Amor, olha que sensação engraçada — resolvi compartilhar com meu marido. — Desde que voltamos a sair de casa, depois do início da pandemia, me sinto como uma turista na nossa própria cidade. Nunca me senti assim, mas, depois de tanto tempo em casa e sem sair da nossa região, parece que estou viajando quando ando pelo resto da cidade. Tenho olhado tudo com um olhar tão diferente... Por que será?

Ele, sem hesitar me respondeu:

— Você está apreciando.

Aquelas palavras soaram como música aos meus ouvidos, e me deparei com uma sensação gostosa de presença, de contemplação. Refleti a respeito e fui inundada por uma sensação de gratidão por estar bem, viva, poder circular de novo pela cidade, ver a vida acontecendo.

Tem um ditado que diz "A gente só dá valor quando perde", e parecia verdade. O valor que eu dava à minha cidade era diferente, uma sensação como a de quem tivesse perdido algo, uma cidade que havia morrido e agora revivia.

Por fim, isso me fez trazer a reflexão para dentro da nossa casa: *apreciar* o que temos, sem que precisemos perder para valorizar. A novidade não precisa vir sempre de algo novo, pode vir de um olhar mais apurado e presente.

Será que não podemos, de vez em quando, trazer o olhar de um turista para nossa casa, mesmo que estejamos acostumados a morar lá?

Eu sabia que queria trazer isso para dentro de casa, mas não sabia ao certo como fazer, até que, em um curso de Feng Shui, minha professora propôs um exercício de conexão com a nossa casa através dos cinco sentidos. A ideia era trazer a atenção plena para o momento, sentir realmente o nosso lar através de uma percepção mais profunda do ambiente.

Não era apenas sobre apreciar: era mais profundo, era sobre o sentir, sobre se conectar através das sensações. Quais as texturas das coisas, que sons eu consigo ouvir, quais cheiros e sabores consigo sentir?

Primeiro, fechei os olhos e fui caminhando por toda a casa. Com a palma das mãos, fui sentindo a temperatura, a consistência das coisas. Inspirando e expirando com intenção, senti o cheiro do meu café matinal, o aroma do difusor de lavanda do banheiro e o do spray que costumo borrifar na cama logo pela manhã.

Senti na boca o gosto do café que tinha acabado de tomar, junto com a sensação de saciedade da omelete que havia comido.

Inspirei e expirei novamente, agora prestando atenção aos sons. Primeiro percebi a música de dois passarinhos que sempre cantavam próximo à janela do meu quarto pela manhã. Que delícia de ouvir! Fui seduzida por aquele som, logo interrompido por um apito na cozinha e pelo barulho de algo que caiu com o vento. Agora, ao fundo, o latido do cachorro do vizinho.

Era uma explosão de sensações dentro de mim. Coisas tão simples e rotineiras, mas que passavam despercebidas na correria do meu dia a dia. Eu estava conseguindo me conectar de verdade, apreciar cada segundo.

Esse exercício me trouxe uma nova percepção do meu dia a dia e da minha relação com a casa e a minha vida. A necessidade de estar mais presente, de sentir.

Isso para mim não é algo habitual, e por isso preciso sempre me lembrar de não ser abduzida. Eu me desconecto com facilidade do momento presente e entro nos meus pensamentos ou no meu celular, deixando de sentir e me conectar de verdade.

O que tem me ajudado nessa busca para conseguir apreciar, estar mais presente e consciente são meus rituais.

Quando acordo, abro a janela e procuro sentir como está a temperatura, se o vento está gelado ou ameno. Qual som consigo ouvir?

Quando arrumo a cama, sinto o toque do lençol, do edredom nas minhas mãos. Borrifo um aroma bem suave que ainda consigo sentir por algum tempo depois.

Quando vou fazer meu café, conecto-me com o cheiro que fica pela casa.

Quando vou brincar com meus filhos, deixo meu celular de lado e me entrego.

> **O exercício de presença é desafiador, mas é sobre estar viva, trazer o máximo da consciência para o momento presente para apreciar verdadeiramente a minha jornada por aqui.**

Como diz Robert Brault "aprecie as pequenas coisas da vida, pois um dia você pode olhar para trás e perceber que elas eram as grandes coisas".

Incêndio

Era 1º de janeiro de 2018.

Estávamos no apartamento dos meus sogros na praia. Fui dormir cedo, junto com meus filhos.

Quando era por volta de meia-noite, começou uma movimentação, uma gritaria no prédio e todo mundo pedindo para sair de casa. Estava pegando fogo em um apartamento.

Acordei superassustada.

Sem pensar, meu marido pegou meu filho no colo, eu peguei minha filha, ambos ainda dormindo, e corremos para as escadas. Descemos oito andares juntamente com os outros moradores do prédio. Minhas costas doeram por alguns dias por descer os degraus carregando minha filha no colo, na época com uns dezesseis quilos.

Quando estávamos no terceiro andar e sentindo aquele cheiro forte de fumaça, uma mulher, na frente do seu apartamento, nos fez a seguinte pergunta:

— O que eu levo daqui de casa?

E naquela hora, meu marido, sem hesitar, gritou:

— Tira as pessoas da sua casa e sai daí!

Ponto. Só isso.

Eu ainda nem tinha acordado direito e estava tentando processar tudo aquilo que estava acontecendo, mas nessa hora me caiu a ficha de que saí de casa com tanta pressa que não tinha pegado nada. Absolutamente nada além das crianças. Nem meu celular eu peguei.

Felizmente, chegamos ao térreo e em pouco tempo soubemos que o fogo tinha sido controlado e estavam todos bem.

Voltamos para o apartamento, sentindo muita gratidão por nada mais grave ter acontecido. Ninguém se feriu, e poucos bens materiais foram queimados.

E por que eu estou contando tudo isso? No momento em que estávamos no térreo, muitos de pijama, todos assustados e sem saber ao certo o que ia acontecer, nos veio o pensamento: *"e se perdêssemos tudo o que temos em casa? E se tivéssemos que deixar tudo para trás?"*

Alguma vez você já pensou nisso? Como se sentiria?

Para mim foi uma sensação mista de nostalgia com tristeza de tudo ir embora, raiva do fogo que ninguém sabia ao certo como começou, mas também gratidão por estar bem, e isso naquela hora era só o que importava.

No final das contas, tudo de que eu mais precisava estava comigo. Meu marido, meus filhos, meus sogros, meus cunhados, minha família.

Esse episódio me fez refletir como, em meio a situações tão adversas, algumas coisas perdem o sentido. Claro que existem situações extremas e muito delicadas em que as vítimas de uma tragédia como enchente, deslizamento e até um incêndio devastador acabam em situações de profunda vulnerabilidade e dificuldade. Muitas vezes elas têm apenas o essencial. Não podemos minimizar esse tipo de evento. Apenas trazer para a consciência a bênção de poder continuar vivo. Depois que ficou tudo bem, ficamos muito aliviados que o fogo não se alastrou, não perdemos nada e estávamos todos bem; mas com certeza essa experiência me marcou muito.

Levo comigo essa sensação de como algumas coisas materiais são importantes, legais e úteis na nossa vida, mas não são o essencial.

Calça jeans

Era a calça jeans que ganhei dos meus pais no meu aniversário de dezesseis anos. Ela foi tão usada durante todos esses anos! Uma calça cara, que meus pais se esforçaram muito para comprar e da qual cuidei com muito carinho por mais de doze anos.

Essa foi a primeira peça que segurei na mão quando fui fazer a triagem das minhas roupas. Apesar de gostar muito dela, já não fazia sentido mantê-la no guarda-roupa. O caimento já não estava legal, sempre que eu decidia que ia usá-la acabava colocando no corpo e em seguida devolvendo para o armário. Eu não a usava mais. Decidi que era hora de doá-la.

> **Quando a peça não fizer mais sentido, agradeça e despeça-se dela.**

Era o que sugeria Marie Kondo em seu livro: "Ao se desvencilhar daquilo que já não o satisfaz, não se esqueça de agradecer antes de se despedir. Ao se desapegar de coisas que faziam parte da sua vida com um sentimento de gratidão, você demonstra seu reconhecimento e o desejo de cuidar melhor de si".

Parecia bem estranho agradecer à peça naquele momento. Agradecer por quê? Como? Era só mais uma peça de roupa.

Mas lá fui eu:

— Obrigada, calça. Você foi muito útil durante todos esses anos. Espero que outra pessoa goste tanto de você quanto eu gostei. — E lá se foi ela para a separação da doação.

Naquele dia centenas de itens foram separados para doação, e a cada "obrigada" eu me sentia leve, sem culpa nem ressentimento. Fui percebendo como a gratidão pelo que saía também me preenchia com o que ficava. Cada peça que eu escolhia manter também tinha uma história pela qual eu era grata e pela qual merecia ficar.

Até que me deparei com um casaco verde-musgo de sarja, ainda com etiqueta, sem nunca ter sido usado. Eu me senti envergonhada. O casaco era novo, lindo, mas eu simplesmente não usava, não sentia que combinava comigo. Comprei meio que por impulso. Estava na moda, e me lembro da vendedora dizendo quanto ele estava lindo em mim. Realmente ficava lindo, mas não era a minha cara, o meu estilo, e o resultado disso foi o casaco parado por anos no meu armário. Era chegado o momento de ser verdadeira comigo e deixá-lo ir. E como agradecer por um erro como esse?

— Obrigada, casaco. Apesar de eu nunca o ter usado, você foi importante para mim. Me mostrou que eu não gosto desse estilo e desse caimento. Me mostrou que não adianta comprar porque está na moda ou porque todos disseram que ficou lindo. Se eu não me sentir totalmente segura na hora de comprar, não comprarei. Estarei mais atenta para não cometer esse erro outra vez.

Aos poucos, o processo de agradecer às minhas roupas tornou-se mais natural e com mais sentido. Um olhar mais empático para meus pertences, para quem já fui, para as decisões que tomei; tendo sido elas certas ou erradas, de alguma forma tiveram sua importância na minha vida.

Esse processo de triagem e desapego feito com gratidão foi me preenchendo, me fez olhar para o positivo: focando o meio copo cheio e tirando o foco do meio copo vazio.

Como Tal Ben-Shahar, especialista em psicologia positiva, escritor e professor da universidade de Harvard, explicou em uma palestra à qual tive o privilégio de assistir, um dos pilares da felicidade é a gratidão.

> **Quando somos gratos pelo que temos, conseguimos reconhecer as coisas boas, e isso nos preenche.**

Mas a gratidão precisa ser exercitada. Não podemos encarar as coisas boas que nos acontecem como algo natural, deixando que elas muitas vezes passem desapercebidas. Treinar a gratidão consiste em reconhecer e relembrar diariamente, de forma consciente e com intenção, todas as coisas boas pelas quais somos gratos. É nos tornarmos sensíveis e atentos a tudo que nos acontece, sabendo reconhecer a importância delas.

Aquele momento em que você ficou com seu filho e ele te deu um grande abraço. Aquela comida que ficou gostosa, a conversa que você teve com uma amiga. Aquele banho bom que você tomou, o reconhecimento que teve no seu trabalho. Das coisas mais simples às mais complexas, quando você para e agradece com atenção e intenção e, mais importante, observa como se sente, isso tem um efeito muito poderoso na saúde mental e na felicidade.

Segundo Ben-Shahar, "precisamos aprender a focar o positivo. Nós nos adaptamos a coisas negativas, como perder alguém, o que é bom, mas também nos adaptamos a coisas positivas, o que não é tão bom. Começamos a reconhecer as coisas boas como algo garantido e, muitas vezes, precisamos que algo dê errado para que possamos apreciar as coisas incríveis que temos na vida".

Sabe quando você fica doente e só aí lembra como sua saúde estava boa e como não valorizava isso? No dia a dia, muitas coisas boas acabam passando desapercebidas, encaramos como algo natural e deixamos de reconhecer a importância delas.

Marie Kondo estava certa: a gratidão é parte importante do processo.

Não é só agradecer a roupa, é ter um olhar com intenção, olhar para o positivo, trazer leveza, reconhecer o valor do que não usamos mais e o valor do que já temos.

Desenho

Era final da sessão quando minha cliente me disse que eu não podia ir embora sem que me mostrasse uma coisa.

Guardei na mochila minha rotuladora e minha garrafinha de água, e seguimos para o quarto dos filhos dela. Eu estava curiosa e não tinha ideia do que me esperava.

Atravessamos o quarto das crianças e chegamos ao guarda-roupa. Ela cuidadosamente abriu a gaveta e tirou uma folha de papel, com um lado em branco e, no outro, um desenho feito pelo seu filho.

Ela pegou aquele papel e tomou fôlego para me mostrar o que seu filho havia desenhado no dia anterior.

Naquela folha, estavam desenhados seis potes: três na linha de cima e outros três na parte de baixo.

No topo da folha, estava escrito: "Coisas que deveríamos poder guardar". E embaixo de cada pote estava escrito:

1. Pôr do sol
2. Olhares
3. Sonhos

4. Risadas
5. Som das ondas do mar
6. Cheiro de quem amamos

Naquele momento, não consegui conter as lágrimas.

Trabalhando todos esses anos com organização, fui entendendo cada vez mais como melhorar o armazenamento, guardar de forma prática, guardar o que é essencial, aprender a escolher, triar, usar o que temos.

Nesse dia, o Pedro, de cinco anos, me lembrou que, muito além de tudo que podemos guardar, existe um universo de preciosidades, de um valor imensurável, e, essas, nós não podemos guardar.

Foi uma lição de vida.

Eu me despedi da cliente com o coração apertado. Fui andando até a rua e desatei a chorar.

Cheguei em casa e abracei tão forte quanto eu podia meu marido e meus filhos.

Depois desse dia, passei a observar como é incrível esse universo das coisas que não podemos guardar e, sobretudo, como são importantes.

Eu, que já vinha reduzindo a quantidade de itens materiais para guardar, comecei uma nova coleção: a de potes imaginários. De lembranças felizes, de desafios, de momentos inesquecíveis, de coisas que não podemos guardar; não em armários nem em gavetas.

Quais são as suas coisas mais preciosas que você não pode guardar?

Oitenta e três

Faltavam alguns dias para comemorarmos dez anos de casados.

Dentre todas as imperfeições da vida, altos e baixos, desafios e oportunidades, aquele dia era especial. Eu estava muito feliz e animada para contar às crianças a novidade.

Sentia-me mais sensível e nostálgica. Passava um filme dos últimos dez anos na minha cabeça: nossa festa de casamento animada, nossa lua de mel, a vida no apartamento 32B, o nascimento das crianças, os dias felizes, os mais desafiadores, tudo que tínhamos vivido.

Respirei fundo e chamamos as crianças na sala.

— Queremos contar uma coisa para vocês.

A ansiedade cresceu, e eles agora estavam entusiasmados para saber o que estava havendo.

— Eu e o papai compramos o nosso apartamento: do jeito que a gente sempre sonhou.

Lágrimas começaram a rolar pelo nosso rosto, as crianças começaram a pular, nos abraçaram, e comemoramos juntos essa grande conquista. Elas sabiam quanto sonhávamos em um dia comprar o nosso próprio apartamento.

Diferentemente do meu desejo secreto de mudar para um apartamento maior para ter mais armários, mais quartos e mais coisas para cuidar, esse apartamento era praticamente do mesmo tamanho do que aquele em que morávamos, com menos armários do que eu tinha. Mas agora isso não importava mais. Eu não buscava isso! Nós já possuíamos bem menos pertences, e agora tudo que eu queria era espaço livre. Eu sonhava com uma cozinha americana com a sala integrada e poucos móveis. A mudança não era para fugir da bagunça, era para finalmente ter o meu próprio lar.

— Mamãe, você vai ter a sua varanda com a rede de balanço que você sempre sonhou?

— Sim, filha, vamos ter!

Há anos eu visualizava e sonhava com cada cantinho, como eu gostaria que a nossa casa fosse. Em muitos momentos, desanimei. Via outras pessoas realizando sonhos e sentia que o meu parecia muito distante. Mas, nessa hora, aquilo era real.

Aquele momento de contar para eles foi inesquecível. A alegria se misturava com nostalgia. A felicidade, com saudade. A saudade, com gratidão.

Fomos tão felizes no apartamento 32B, construímos tantas histórias, foram tantos aprendizados, vivências, experiências e memórias. Meu coração estava apertado por essa saga haver chegado ao fim.

Me conforta pensar que todo fim é um novo começo. O início de uma nova fase que trará muitos novos aprendizados; o começo de uma nova saga: a do apartamento 83.

Uma nova jornada de muitos outros aprendizados, desde a compra do apartamento, o projeto, a obra, a mudança e uma nova organização.

Novos armários e novas histórias, novas organizações e novas experiências.

Nunca acaba.

Finais são recomeços.

Que, para você, o final desta leitura também seja um recomeço: na organização ou em algum outro âmbito da sua vida.

Nalini

AGRADECIMENTOS

Dizer "obrigada" não seria a expressão mais adequada para transmitir o que eu gostaria de falar. Presto então a minha homenagem a cada um que contribuiu para que esse sonho se tornasse realidade.

A Deus, pela minha vida e por me permitir viver plenamente cada experiência e oportunidade.

Aos meus pais, Melanie e Artur, que são a razão de eu existir. Só por me darem a vida já seria o suficiente, mas eles foram muito além: me deram o melhor que podiam, sempre com afeto, amor incondicional e muito tempo. Tempo de verdade, de sentar no chão e prestar atenção a cada gesto da brincadeira. Tempo de orientar, de alertar, de discutir, de errar e de acertar. A vida foi gentil comigo. Tê-los ao meu lado é um grande presente.

Aos meus irmãos, Ananda e Ian que sempre me apoiaram e torceram por mim.

Aos meus sogros, Marcos e Miriam, que me acolheram como filha e que não medem esforços para manter a família sempre próxima e acolhida.

A todos os meus familiares que vibram comigo em cada passo da minha jornada e sempre me estimulam a continuar. Significa muito para mim.

A Rita que acompanhou esse processo de perto e cujo suporte foi essencial no meu dia a dia.

Aos meus amigos e amigas que me respeitam como sou, me ouvem quando preciso e deixam meus dias mais alegres.

Aos meus coachs, Nuno e Tia Beth, que foram verdadeiros treinadores das minhas próprias habilidades. Nuno me fez visualizar esse livro e minha Tia Beth me ajudou a colocar meus planos em ação.

Ao meu tio Sálvio, que não está mais aqui comigo, mas que sempre foi meu guia.

Aos meus clientes e minhas clientes que abriram suas casas para que eu pudesse ajudá-los e também me ensinaram muito.

Aos meus alunos e minhas alunas que confiaram no meu trabalho e aplicaram meu método em suas casas.

A Juliana Góes que fez parte da minha jornada profissional. Me sinto honrada por estar comigo.

A Hanna que acendeu em mim a faísca de um grande sonho.

A Diana, que sem eu saber, viu em mim o meu potencial como escritora.

A Malu que acreditou no meu trabalho e foi minha guia nessa jornada. Foi peça essencial pra que eu pudesse escrever meu primeiro livro num processo tão leve e gostoso.

A toda equipe da HarperCollins que me deu todo suporte necessário para tornar esse sonho realidade.

Aos meus filhos Marina e Benny, que são minha força e minha alegria, e me fazem buscar ser uma pessoa melhor todos os dias. Vocês são tudo para mim.

Ao Daniel, meu companheiro, me faltam palavras. Minha inspiração, meu melhor amigo, meu porto seguro. Uma pessoa maravilhosa. Sempre acreditou e torceu por mim. Ele que vivencia comigo essa jornada e faz nossos dias mais gostosos. Obrigada por me permitir buscar a minha melhor versão e sempre me encorajar na direção dos meus sonhos. Sem você, este livro não existiria.

E não podia deixar de homenagear a você, leitor, e que me acompanha, que acredita no meu trabalho e dedicou tempo para essa leitura.

Nalini

Referências Bibliográficas

BEN-SHAHAR, Tal. *Positive Psychology:* The Science of Happiness. Museum of Science, 2006. (115 min.). Disponível em: <https://www.youtube.com/watch?v=wBWejfL0xOA>. Acesso em:

CLEAR, James. *Hábitos atômicos:* um método fácil e comprovado de criar bons hábitos e se livrar dos maus. Rio de Janeiro: Alta Books, 2019. p. 18, 34.

HARDY, Benjamin. *Força de vontade não funciona:* um livro para quem já tentou mudar de vida muitas e muitas vezes sem sucesso. Rio de Janeiro: Leya, 2018. p. 7, 13.

HILL, Graham. Living with Less. A Lot Less. *The New York Times*, 9 mar. 2013. Disponível em: <https://www.nytimes.com/2013/03/10/opinion/sunday/living-with-less-a-lot-less.html>. Acesso em: 15 fev. 2022.

JAY, Francine. *Menos é mais:* um guia minimalista para organizar e simplificar sua vida. São Paulo: Companhia das Letras, 2016.

KONDO, Marie. *Isso me traz alegria:* um guia ilustrado da mágica da arrumação. São Paulo: Sextante, 2016. p. 19.

MCRAVEN, William H. *Arrume a sua cama:* pequenas atitudes que podem mudar a sua vida... e talvez o mundo. São Paulo: Planeta, 2017. p. 20.

MCKEOWN, Greg. *Essencialismo:* a disciplinada busca por menos. Rio de Janeiro: Sextante, 2015. p.12.

SCHWARTZ, Barry. *The paradox of choice*. TED. 2005. (19 min.).

Este livro foi impresso pela Lisgráfica, em 2022, para a HarperCollins Brasil. O papel do miolo é pólen soft 80g/m², e o da capa é cartão 250g/m².